MELANIE KUNZE | OLAF POKORNY | ANNIKA STAHL

Lübecks Verschwundene Orte

ÜBERRASCHENDE GESCHICHTEN AUS DER HANSESTADT

Lübecker Nachrichten

Kunze, Melanie; Pokorny, Olaf; Stahl, Annika
Lübecks Verschwundene Orte –Überraschende Geschichten aus der Hansestadt
LÜBECKER NACHRICHTEN in Kooperation mit:
Bast Medien GmbH, St. Ulrich-Str. 11, 88662 Überlingen (verantwortlich)
1. Auflage 2023
ISBN: 978-3-946581-94-9

Lektorat: Lena Bast
Covergestaltung: Melanie Kunze
Layout: Melanie Kunze
Satz: Melanie Kunze
Druck: Mohn Media Mohndruck GmbH, Gütersloh

Von den Machern der preisgekrönten Reihe „Geheimnisse der Heimat“

Inhalt

Vorwort

Lübeck. Königin der Hanse. Im späten Mittelalter ein wichtiges Machtzentrum in Europa – erwachsen aus der Wirtschaftskraft der immer selbstbewussteren Städte und ihrer Bürger, die internationalen Handel trieben.

Auf der Altstadtinsel ist die goldene Zeit Lübecks an vielen Stellen noch heute sichtbar und spürbar: das Holstentor, mächtige Kirchen, das altehrwürdige Rathaus mit dem Markt, Kaufmannshäuser mit reich verzierten Giebeln und kleinen Gängen dazwischen.

Viele andere markante Orte aus dieser Zeit sind verschwunden – verschüttet unter den Zeitläufen der Geschichte. Das gilt auch für neuzeitliche Bauwerke, die einst das Antlitz Lübecks ausmachten.

Es ist das Verdienst der Autorinnen Melanie Kunze und Annika Stahl, uns mit diesem Buch an diese – im Wortsinne – Sehenswürdigkeiten zu erinnern. Historische Grafiken und Bilder stellen sie aktuellen Fotos der Standorte gegenüber und beschreiben anekdotisch ihre Geschichte. Von der Stele auf der Teerhofinsel, die an die ersten Siedler in der Gegend vor 1.200 Jahren erinnert. Von dem frühneuzeitlichen Armenfriedhof St. Annen Kirchhof vor den Toren im Süden, der längst überbaut und überwuchert ist. Oder von dem Wasser-Land-Flughafen auf der Halbinsel Priwall bei Travemünde, einem wichtigen Drehkreuz der Zwanzigerjahre des vorigen Jahrhunderts.

Das Buch führt uns vor Augen: Wir sind umgeben von Geschichte und Geschichten. Wir erfahren, wie wild die Kaufleute auf der längst geschleiften Olavsburg nahe dem Hüxtertor ihre Feste feierten. Oder was Archäologen in der Kloake des Hauses von Johann Paternostermaker in der Braunstraße an Schätzen fanden.

Den Autorinnen gelingt es, die Stadt in ihrem Wesen erkennbar zu machen. Was Lübeck ausmachte und ausmacht – jenseits der weltbekannten Sehenswürdigkeiten. Seien Sie also willkommen zu stöbern: Und betrachten Sie Lübeck aus unbekannten oder zumindest ungewöhnlichen Blickwinkeln, die sonst drohen, in Vergessenheit zu geraten.

Ich wünsche Ihnen viel Vergnügen bei der Lektüre von „Lübecks verschwundene Orte“

Ihr

Rüdiger Ditz
Chefredakteur
Lübecker Nachrichten

Die Autorinnen

Melanie Kunze, Jahrgang 1976, studierte an der NTA Dr. Grübler in Isny Chemie, bevor sie die Branche wechselte und sich dem Journalismus und dem Verlagswesen zuwandte. Seit 2016 ist sie Büroleiterin und Projektredakteurin bei der Bast Medien GmbH. In Lübeck widmete sie sich mit großer Begeisterung den Verschwundenen Orten. Aber nicht nur die Hansestadt an sich – auch der Charme ihrer Bewohner hat es der vierfachen Mutter angetan.

Dr. Annika Stahl, 1987 im schwäbischen Aalen geboren, hat in Heidelberg und Frankfurt Archäologie studiert und 2019 in Vor- und Frühgeschichte über die Bestattungsriten der westafrikanischen *Nok-Kultur* promoviert. Beruflich wie privat folgt sie ihrer Sehnsucht nach fernen Orten und fremden Kulturen und stillt dabei ihren Wissensdurst: von den Türmen des Schweigens im iranischen Yazd über antike Handelsrouten im Oman zu paläolithischen Fundstellen des südlichen Afrikas. Doch der Wunsch, das gesammelte Wissen über die faszinierende Reise der Menschheit zu teilen, veranlasste die Archäologin sich ihrer zweiten Leidenschaft – dem Schreiben – zu widmen. Als freiberufliche Autorin macht sie es sich seitdem zur Aufgabe, zwischen Wissenschaft und Leserschaft zu vermitteln und historische Fakten in „bekömmliche Happen“ zu verwandeln. Für das vorliegende Buch hat sie sich in Lübeck auf die Suche nach verschwundenen Orten und ihrer Geschichte begeben.

Der Fotograf

Dr. Olaf Pokorny, Jahrgang 1972, promovierte in Braunschweig im Fach Lebensmittelchemie, folgte aber schon bald danach seiner wahren Berufung und arbeitet seit 2010 hauptberuflich als Fotograf. Auslöser waren Aufnahmen für ein Rasseporträt über Hovawart-Hunde sowie Arbeiten für verschiedene Bildagenturen. Über die Unternehmens- und Werbefotografie führte ihn sein Weg schließlich zur Architektur- und Immobilienfotografie, die er bis heute betreibt. Neben seiner beruflichen Tätigkeit schreibt Olaf Pokorny einen Blog über die Geschichte der mittelalterlichen Gänge und Höfe der Hansestadt Lübeck und zeigt in ausdrucksstarken Schwarzweißfotografien einen Blick in diese außergewöhnlichen Weltkulturerbe-Stätten (https://backsteingeschichten.de).

Auch wenn die Orientierung der Kirche nicht stimmt, ermöglicht das Faksimile des Holzschnittes von Elias Diebel einen guten Blick auf die Burgkirche.

Burgkirche

Ein eingelöstes Versprechen

Es ist der 22. Juli 1227. Auf einer weiten Ebene stehen sich die Männer gegenüber: auf der einen Seite die Truppen der vereinigten norddeutschen Fürsten, auf der anderen Seite das Heer des dänischen Königs. Die Schlacht wird über das Schicksal des Nordens des Deutschen Reichs, des Gebiets zwischen Eider und Elbe, und somit den Werdegang der Stadt Lübeck entscheiden. Doch die Dänen sind im Vorteil: Sonnenstrahlen fallen den norddeutschen Kämpfern ins Gesicht und blenden sie. Sie sind den Angreifern unterlegen. Nur ein Wunder kann sie jetzt noch retten … und

An der südlichen Außenwand des Klosterkreuzgangs können heute noch die Reste des Seitenschiffs mit den drei angedeuteten Kapellen bewundert werden.

siehe da, dicke Wolken schieben sich vor die Sonne! Das Blatt wendet sich – am Tag der heiligen Maria Magdalena – zugunsten der deutschen Verteidiger. Dass wenig später im äußersten Norden des Lübecker Stadthügels ein dieser Heiligen geweihter Konvent der Dominikaner errichtet wird, ist kein Zufall.

„Vom Kloster haben sich bis heute Reste erhalten", erklärt André Dubisch, „doch nicht von der zugehörigen Kirche. Diese existierte bis ins 19. Jahrhundert an jener Stelle, wo sich heute das Schulgebäude der Ernestinenschule befindet." Als Archäologe kennt er sich mit der Geschichte des Konvents aus, denn als der Gebäudekomplex des Europäischen Hansemuseums Anfang der 2010er-Jahre in den Fuß des Hügels integriert werden sollte, leitete er die Ausgrabungen. „Auf dem Hügel, auf welchem Kloster und Kirche errichtet wurden, befand sich zuvor eine Burg", sagt der Archäologe und Mitarbeiter des 2015 eröffneten Hansemuseums. „Daher hat sich im Volksmund der Name *Burgkirche* für die Maria-Magdalenen-Kirche eingebürgert."

Jene Burg, die sich einst auf dem Hügel befand, sei eng mit der Entstehungsgeschichte des Klosters – und somit der Kirche – verwoben: „Als es dem dänischen König Waldemar II. Anfang des 13. Jahrhunderts gelang, einen großen Bereich des Ostseeraums unter seine Herrschaft zu bringen, erkannte auch *Lubeke* – das heutige Lübeck – seine Schutzhoheit an", erklärt der Museumsmitarbeiter. „Die ehemals deutsche Burg wurde zum Sitz des dänischen Statthalters und somit für die ansässigen Bürger zum Symbol der Fremdherrschaft." Zwar profitiert die Stadt unter dem Schutz der Dänen zunächst, doch bald werden die Rufe nach Unabhängigkeit der Norddeutschen lauter. Daher begeben sich einige der Lübecker Ratsherren zu Friedrich II. nach Italien und bieten ihre Gefolgschaft an – und der Kaiser gewährt ihnen 1226 die Reichsfreiheit.

Die Federzeichnung von Johann Baptist Hauttmann zeigt die pittoreske Schauseite der Burgkirche vor ihrem Abriss im Jahr 1818.

Doch die Loslösung vom dänischen Reich beginnt bereits zuvor: „1223 wurde Waldemar II. von Heinrich I., Graf von Schwerin, gefangen genommen. Damit begann das Ende der dänischen Vorherrschaft. Ein Jahr später folgte schließlich die entscheidende Schlacht in Bornhöved zwischen dem dänischen Heer und den norddeutschen Landesherren." Und an dieser Stelle setzt auch die Legende um die Kirche ein: Der Rat der Stadt Lübeck habe vor der Schlacht gelobt, bei siegreichem Ausgang der Heiligen des Tages ein Kloster zu stiften. Und dieser Tag, so fügte es das Schicksal, galt Maria Magdalena:

Sie verhalf den verbündeten Kämpfern auf dem Schlachtfeld zum Sieg über die Dänen, indem sie die Sonne verdeckte. Die Lübecker lösten daraufhin ihr Versprechen ein: „Nach der Schlacht bei Bornhöved 1227 wurde die dänische Burg größtenteils abgerissen", erklärt André Dubisch.

Das Areal wird den Mönchen übergeben, die hier auf dem ehemaligen Burghügel ihr Kloster errichten. Bereits 1236 besitzt das Klostergrundstück den größten Teil seines endgültigen Umfangs. Einige Jahre später – etwa zwischen 1250 und 1275 – entsteht die Maria-Magdalena-Kirche, die sich südlich an den Klosterkonvent anschließt. Dieser Standort soll sich allerdings als unglücklich gewählt herausstellen: Kurze Zeit später wird das Gotteshaus im schweren Stadtbrand von 1276 ein Opfer der Flammen. Doch das Versprechen wird ein zweites Mal eingelöst, die Kirche erneut aufgebaut und 1319 geweiht. In den nachfolgenden Jahrzehnten kommt es zu baulichen Anpassungen, beispielsweise erhält das Gotteshaus mit dem Bau des neuen Chors im Jahr 1401 eine prächtige Schaufassade zur heutigen Großen Burgstraße hin. Als das Burgkloster 1531 im Zuge der Reformation in ein städtisches Armenhaus umgewandelt wird, behält die Kirche ihre Funktion: Nun werden hier lutherische Gottesdienste gehalten. Der Standort stellt sich jedoch wiederholt als ungünstig heraus: „Das Problem war der Untergrund", erklärt der Museums-

Archäologe André Dubisch kennt sich als Archäologe und Mitarbeiter des Europäischen Hansemuseums mit der Geschichte des Burgklosters und seiner Kirche aus.

mitarbeiter, „das Fundament der Kirche wurde auf den alten Burggraben gebaut. Zwar verfüllten sie diesen beim Bau, aber das Erdreich war scheinbar nicht ausreichend verdichtet.“ Das erste Unglück ereignet sich 1589, als ein Pfeiler einstürzt. Stabilisierungsversuche zögern das Unvermeidliche nur hinaus. Im Jahr 1818 erfolgt schließlich der Abbruch der Kirche und 1874 wird auf dem Gelände die Burgschule – heute Teil der Ernestinenschule – eingerichtet.

„Das Fundament der Kirche wurde auf den alten Burggraben gebaut.“

Das ehemalige Kloster hingegen bleibt zu großen Teilen erhalten. Von dem Komplex, der sich auf etwa 7.500 m^2 Fläche erstreckt hat, stehen noch heute der Kreuzgang und angrenzende Haupträume des Konvents, die jetzt Teil der Ausstellungsräume des Museums sind. „Das Refektorium war der Speiseraum der Mönche. An großen Eichentischen saßen um die 40 Ordensbrüder, die Brot, Gemüse und Obst aßen und dazu hausgebrautes Bier, Wein oder Wasser tranken.“ Auch von der Burg haben sich Spuren erhalten, erklärt der Archäologe: „In den Mauern der *Langen Halle* sind noch immer Zeugnisse des alten Gebäudes zu erkennen: An der Ostseite lassen sich in den Mauern Fugen erkennen, die auf den später zugemauerten Kaminabzug der Burg hindeuten. Denn entgegen der Legende, dass die Burg damals geschleift und somit komplett zerstört wurde, ist der Kamin ein Beweis dafür, dass die Mönche die Burg für ihr Neubauvorhaben umgebaut und nachhaltig weiter genutzt haben.“

Die Burgkirche ist aus dem Stadtbild verschwunden, jedoch mit wenigen Ausnahmen: „An der südlichen Außenwand des Kreuzgangs des Klosters können heute noch die Reste des Seitenschiffs mit den drei Kapellen bewundert werden“, merkt André Dubisch an. „Außerdem geben die Mauervorsprünge auf dem Platz den Grundriss des Gotteshauses an.“ Die einstige Inneneinrichtung werde gegenwärtig im „St. Annen-Museum“ aufbewahrt, ergänzt er, die Überreste der ehemaligen Buntglasfenster können jedoch im Hansemuseum selbst betrachtet werden. Geblieben ist außerdem die Erinnerung an die Kirche und deren Entstehungsgeschichte: „Aus der Überlieferung wurde eine Legende, die bis heute über Lübecks Grenzen hinaus bekannt ist“, sagt der Archäologe. Dennoch, die Ereignisse um die Namenspatronin sind – und bleiben – eine Legende, sie basieren auf den Aufzeichnungen von Chronisten des 14. und 15. Jahrhunderts. Dass anstelle der Burg ein Kloster errichtet wird, hat vor allem politische Bedeutung: „Nachdem sich die Bürger bei Kaiser Friedrich II. 1226 die Reichsfreiheit und damit umfangreiche Rechte gesichert hatten, stellte eine Befestigung innerhalb der Stadt für die weitere Entwicklung eher eine Gefahr dar“, erklärt der Museumsmitarbeiter. „Daher wurde das Areal der ehemaligen Burg nach der Schlacht von Bornhöved den Dominikanermönchen übergeben, die das Kloster errichteten.“

„Nachdem sich die Bürger bei Kaiser Friedrich II. 1226 die Reichsfreiheit und damit umfangreiche Rechte gesichert hatten, stellte eine Befestigung innerhalb der Stadt für die weitere Entwicklung eher eine Gefahr dar.“

Ob sich das sagenhafte Wunder, das den norddeutschen Fürsten – und somit auch den Lübeckern – zum Sieg verhalf, wirklich ereignet hat, bleibt natürlich für immer im Dunkeln. Klar ist hingegen, dass sich eben jene schicksalhafte Wendung, welche die Voraussetzungen für den Aufstieg Lübecks zur führenden Stadt im Ostseeraum geschaffen hat, 1227 am Tag der heiligen Maria Magdalena ereignete, dem 22. Juli.

Annika Stahl

Hier stand einst die Burgkirche:

Das Gotteshaus befand sich an der Großen Burgstraße dort, wo heute ein Gebäude der Ernestinenschule steht. Markierungen am Boden deuten den einstigen Grundriss der Kirche an.

Auf dem Lübecker Totentanz ist hinter dem Jüngling vermutlich die Olavsburg abgebildet.

Olavsburg

Sagenumwoben und fast vergessen

Carolin Teubert liebt es, bei Stadtführungen den Gästen ihre Wahlheimat – Lübeck – auf unterschiedlichste Art näherzubringen. Mal im Kostüm, mal als Düsterführung „Lubeca Mystica“ oder mal als klassische Tour zu den Highlights der Stadt wie dem Holstentor oder dem Rathaus. Aber einen Ort, der ihr Interesse bereits früh weckte, kann sie nicht zeigen: die Olavsburg. „Wann die Olavsburg, die mitunter auch Olausburg genannt wird, errichtet wurde, weiß man nicht. Über dieses Bauwerk in der Nähe des Hüxtertors ist nur wenig bekannt“, erzählt die in Leipzig geborene

Am linken Rand ist das Ende des Krähenteichs und im Hintergrund die Rehderbrücke zu sehen. Die Olavsburg lag vermutlich zwischen diesen beiden Wegpunkten.

Gästeführerin, die seit ihrem Bachelor in Geschichte unter anderem als Kulturvermittlerin für verschiedene Museen arbeitet.

Erstmals erwähnt wird die Burg im Kämmereibuch der Jahre 1316-1338. Dort sind Einnahmen in Höhe von zehn Mark für Wein verzeichnet, den die Ratsherren auf der Burg verbraucht haben. Carolin Teubert könnte sich vorstellen, dass die Burg Ende des 13. Jahrhunderts entstanden ist, denn zu dieser Zeit habe sich Lübeck zu einer Großbaustelle entwickelt. „Lübeck erlebte seit der Gründung 1143 drei große Stadtbrände, nach dem letzten schränkte man Holz als Baumaterial ein und es wurde beschlossen, nur noch steinerne Mauern zu bauen." Die Wahllübeckerin hält es für denkbar, dass in jener Zeit, in der Rathaus und Kirchen gebaut wurden, auch die Olavsburg entstand. Belege habe sie dafür jedoch nicht.

Ihren Namen hat die Burg dem heiligen Olav zu verdanken, jenem norwegischen König Olav II. Haraldsson (995-1030), der sich in der Schlacht von Stiklestad den Bauern von Trøndelag stellen muss.

„Nachdem er nach innenpolitischen Schwierigkeiten nach Nowgorod in Russland hatte fliehen müssen, sah er nun die Chance gekommen, nach Norwegen zurückzukehren und auch seine Macht als König wiederzuerlangen“, erklärt die Gästeführerin. Diese Schlacht soll die entscheidende Wendung bringen, doch sie endet nicht mit Olavs triumphaler Rückkehr, sondern mit seinem Tod. So soll der Schiffsbauer Thorstein Knarresmed den norwegischen Exilkönig mit einem Hieb oberhalb des Knies ins Bein getroffen haben, während der Wikingerhäuptling Tore Hund einen Speer in Olav stieß und der Häuptling Kalv Arnesson ihn mit dem vermutlich todbringenden Hieb in den Hals niederstreckt. „Baldnach seinem Tod ranken sich Legenden und Sagen um König Olav“, erklärt die Gästeführerin. „Meist soll er darin unbewaffnet in die Schlacht gezogen und stattdessen mit dem Schild und Schwert des Glaubens gerüstet gewesen sein. So wurde er schon bald zum Märtyrer“, beschreibt sie, wie der Kult um den heiligen Olav vermutlich entstanden ist. Seine Heiligenvita – die *Passio Olavi* – wird bereits 1170 in lateinischer Sprache niedergeschrieben, sie beschreibt auf 59 Seiten diverse Wunder. „Durch den Handel und die damit verbundene Seefahrt kam der Olavskult im Spätmittelalter langsam nach Norddeutschland und damit vermutlich auch nach Lübeck“, spannt Carolin Teubert den Bogen zu ihrer Heimat. „Allerdings“, ergänzt sie, „kann man nicht von einem großen Kult im norddeutschen Raum sprechen. Es gibt nur wenige Altäre, wie den Olav-

Carolin Teubert steht in der Nähe des Krähenteichs am Kanal. Sie vermutet, dass gegenüber die Olavsburg gestanden haben könnte.

altar in der Nikolaikirche Stralsund oder die Breklumer Olavskirche. Der Olavsweg verlief zudem nur in Norwegen.

„Genutzt wurde das mitunter als Wasserschloss beschriebene Bauwerk überwiegend von der Zirkelgesellschaft“, sagt die Gästeführerin. Im Memorialbuch dieser am 2. September 1379 gegründeten Bruderschaft der Fernhandelskaufleute – die sich „Gesellschaft der heiligen Dreifaltigkeit zu Lübeck“ nennt – findet sich laut dem Aufsatz *Die Befestigungswerke Lübecks* von Dr. W. Brehmer auch eine Beschreibung: „Item acht boge, dede denen to denne bogen rade; de liggen in denne graven, de umme den Dieves borch geht.“ Weiter führt der Autor aus, dass auch Heinrich Rehbein (gest. 1629) in seiner Chronik angibt, „daß die Olavsburg von einem Graben, über den eine Zugbrücke führte, umgeben war“.

Seit ihrer Gründung feiert die Zirkelgesellschaft auf der Olavsburg am Dreifaltigkeitstag – dem ersten Sonntag nach Pfingsten – ihre jährliche Hauptversammlung. „Laut Rehbein gab es während der zwei Tage dauernden Veranstaltung einen Festzug zu Pferd zur Olavsburg“, beschreibt Carolin Teubert das Programm des ersten Tags. Am Abend gesellten sich zu den Mitgliedern der Gesellschaft auch die zugehörigen Ehefrauen zum Tanz. „Der zweite Tag begann mit einem Gottesdienst in der Katharinenkirche und im Anschluss wurde wieder mit den Frauen auf der Olavsburg gefeiert.“ Das erklärt eigentlich auch sehr gut, warum die Olavsburg außerhalb der Stadt war. Feste feiern mit Alkohol und Tanz war zu dieser Zeit immer etwas Unsittliches. Deswegen die Messe in der Stadt und das sündhafte Leben vor den Toren der Stadt.

Laut dem Chronisten Rehbein soll es auch im Winter eine jährlich stattfindende Versammlung der Zirkelgesellschaft gegeben haben. „Am Montag nach dem 1. Advent sollen sich die Mitglieder und deren Frauen in einem feierlichen Aufzug auf Schlitten zur Burg begeben haben“, schildert die Gästführerin die Vorstellung des Chronisten, der mitunter sowohl wahre Begebenheiten als auch Sagen und Legenden für seine mehrere Bände umfassende Chronik heranzog. „Aber mittlerweile wird diese Beschreibung sehr angezweifelt, da unter anderem die Statuten der Bruderschaft für die Winterversammlung eine Gedenkfeier für die Verstorbenen vorsahen, und diese wäre nicht mit

Feierlichkeiten und Festmählern verbunden", begründet sie die heutigen Bedenken gegenüber der Darstellung Rehbeins. Für die Zeit von 1430 bis 1515 sind auch Fastnachtspiele auf der Olavsburg bekannt. Die Sitte der Fastnacht kam aus dem Süden nach Norden. Bekannt in Lübeck sind kleine Umzüge durch die Stadt, die auch auf der Olavsburg Halt machten, und dort wurden dann eigens gedichtete Spiele aufgeführt. Inhaltlich ging es vermutlich um Heldengeschichten wie die Nibelungen oder die Artussage. Es mangelt jedoch auch hier an literarischen Zeugnissen.

Auch wenn die Burg im Sommer zumeist von der Zirkelgesellschaft und den Patriziergeschlechtern genutzt wird, gehört sie dem Rat der Stadt Lübeck. „Und der hat es zuweilen dort ordentlich krachen lassen", erzählt die Lübeckerin schmunzelnd. Aus Unterlagen der Kämmerei geht hervor, dass sie für ein zweitägiges feierliches Gastmahl im Juni 1502 die gesammelten Strafgelder von 24 Jahren ausgegeben haben. „Das dürfte enorm viel Geld gewesen sein", ist Carolin Teubert überzeugt, „da man sich in Lübeck durchaus von seinen Strafen freikaufen konnte, und der Rat hat immer seinen Teil mitverdient. Das Freikaufen war von verschiedenen Faktoren wie der Höhe des Schadens und der damit verbundenen Strafe abhängig, aber Lübeck war zu der Zeit eine Großstadt mit ca. 25.000 Einwohnern. Da dürfte ordentlich was zusammengekommen sein." Auf mehreren Seiten listet das Dokument die einzelnen Ausgaben und Gerichte auf. „Das Besondere daran ist", erklärt die Gästeführerin und unterstreicht damit die Bedeutung des Schriftstücks, „dass damit eine niederdeutsche Speisekarte des ausgehenden Mittelalters vorliegt und diese auch Aufschluss über die Preise von Lebensmittel in jener Zeit gibt." Die Speise- und Getränkekarte liest sich gut: Einbecker Bier, Wein aus der Gascogne, große rote Äpfel – sogenannte Kriegeräpfel – und lombardische Nüsse, Konfekt, Kuchen mit Götterbildern und vieles mehr. „Eben alles, was zu dieser Zeit gut und teuer war, und ich glaube, der Vergleich mit einem Schlaraffenland passt hier sehr gut", resümiert sie.

Aber auch für Angelegenheiten der Hanse wird die Olavsburg genutzt. So schreibt Staatsarchivar Wehrmann 1867 in seinem Bericht *Der Lübeckische Rathsweinkeller*, dass die „häufige Anwesenheit von Abgeordneten der befreundeten Hansestädte, die zu Berathungen hier zusammenkamen, [Anlass] gab [...] zu Weingeschenken und zu Gelagen auf Kosten des Raths. Bei einem solchen, das 1507 auf der Olausburg gegeben wurde, trank die Gesellschaft ein Ohm und fünf Stübchen, also 180 Flaschen Rheinwein."

Im Zuge der Reformation wird es 1534 dann ungemütlich auf der Olavsburg, denn wütende Bürger Lübecks dringen ein. „Es soll sich dabei um Anhänger der *64 unde 100* – des Bürgerausschusses – gehandelt haben", erläutert Carolin Teubert, „und dieser lag im Widerstreit mit dem Rat." Während des Aufruhrs wird die Olavsburg verwüstet, Glasfenster und Fensterläden werden zerbrochen sowie Bänke und Schränke zertrümmert. Tischplatten und Ausstattungsgegenstände werden entweder zerstört oder entwendet. In der Folge muss die Zirkelgesellschaft das nächste Frühlingstreffen ausfallen lassen. „Leider wurde die Olavsburg nach dem Vorfall nicht wieder in Stand gesetzt und so dem Verfall überlassen", beschreibt die Lübeckerin das nahende Ende. „Wann genau die Burg abgetragen wurde, ist nicht bekannt, nur dass es nach 1560 sein muss, denn der Chronist Rehbein beschreibt in jenem Jahr, dass er ihre Ruine noch gesehen hat."

Carolin Teubert bedauert, dass die Olavsburg nach ihrem Abriss scheinbar schnell in Vergessenheit geriet: Bereits Ende des 17. Jahrhunderts finde sich keinerlei Ortsangabe mehr zu dem Bauwerk, das mache heute auch die Bestimmung des genauen Standorts zu schwierig. Ihr Fazit zum Standort der Olavsburg: „Sicher ist, dass die einstige Feststätte des Rats und der Zirkelgesellschaft außerhalb der Altstadtinsel gelegen haben muss, vermutlich irgendwo zwischen Mühlen- und Hüxtertor, ich selber vermute, eher nahe dem Hüxtertor."

Melanie Kunze

Hier stand die Olavsburg:

Sie lag außerhalb der Stadt fast neben dem Rondell beim Hüxtertor zwischen dem Hüxter- und dem Mühlentor auf der Wakenitz.

Die Braunstraße, an deren Ecke zuvor die Paternosterwerkstatt stand, zu Beginn des 20. Jahrhunderts.

Paternosterwerkstatt

Ein gar nicht stilles Örtchen

Der größte Schatz, der in der Archäologie zu finden ist, besteht nicht aus Goldmünzen, kostbaren Juwelen oder Silberartefakten. Es sind vielmehr diejenigen Objekte, die eine Fülle an Informationen über das alltägliche Leben der Menschen beinhalten – wie bei den archäologischen Grabungen in der Braunstraße vor wenigen Jahren. Denn in einem der Dielenhäuser mit fünffach gestuftem Treppengiebel, dessen ursprüngliches Aussehen dank der Ausgrabungsergebnisse rekonstruiert werden konnte, ergab sich ein besonderer Glücksfall: Die aus schriftlichen Quellen

In jenem Viertel, in dem erstmals Menschen in Lübeck gesiedelt hatten, sorgen heute Neubauten für mehr Wohnraum.

gewonnene Information, dass dieses Haus im Besitz eines Paternostermachers gewesen sei, bestätigt sich durch archäologische Funde – alles dank einer „Schatztruhe“ der anderen Art …

„Paternostermacher waren Handwerker, die Gebetsketten für das *Vaterunser* und *Ave-Maria* aus Bernsteinperlen gefertigt haben“, erklärt Sören Gehrken, der seit 2007 Mitglied beim „Hansevolk zu Lübeck“ und seit 2014 dessen erster Vorsitzender ist. Der Verein befasst sich mit dem mittelalterlichen Leben im 15. Jahrhundert und ist bemüht, das Leben der damaligen Zeit mithilfe von Gewändern und allerlei Requisiten historisch korrekt darzustellen. Daher kennt er sich mit der Geschichte dieses Handwerks aus. „Gebetsketten gab es aus Holz oder Knochen oder als wertvollere Variante aus Bernstein. Die Ketten konnten unterschiedlich lang sein, hier in Lübeck bestanden sie aus 50 Perlen“, erklärt der Logistiker.

Die Herstellung der Gebetsketten aus dem edlen Harz sei bis Mitte des 15. Jahrhunderts ausschließlich den Handwerkern in den Städten

Lübeck und Brügge vorbehalten gewesen: „Der Handel mit Bernstein, der an den Stränden der Ostsee zu finden ist, wurde vom Deutschen Orden kontrolliert. Sie hatten das Monopol, und daher durften nur sie damit handeln", fährt Sören Gehrken fort. Die Zunft, in der die Handwerker organisiert waren, bezieht die Rohware vom Orden und verteilt sie unter den Paternostermachern – in Form von Verlosungen. Nur so können mögliche Konflikte verhindert werden, denn das Material liegt in unterschiedlichen Qualitätsstufen und mit verschiedener Farbgebung vor. Im 14. Jahrhundert besteht die Zunft in Lübeck aus 38 Mitgliedern. Erst mit der sinkenden Nachfrage an Gebetsketten nach der Reformation weiten die Handwerker ihr Spektrum aus und nennen sich daher ab 1545 „Bernsteindreher".

Johann Paternostermaker ist allerdings schon früher belegt: Ein Johann de Cuesfelde war im 13. Jahrhundert nach Lübeck gekommen und benennt sich in der Hansestadt seinem ausgeübten Handwerk entsprechend in Paternostermaker um. Dieser Name wurde in der Stadt jedoch vor allem aus einem anderen Grund überliefert: „Johann Paternostermakers Sohn Hinrich plante im Jahr 1384 den sogenannten Knochenhauer-Aufstand, bei dem die Knochenhauer – wie die Schlachter in dieser Zeit genannt wurden – mehr politischen Einfluss forderten", erklärt das Mitglied des Hansevolks. Über Hinrich wie auch über seinen Vater sei laut Quellen bekannt gewesen, dass ihnen das Haus in der Braunstraße gehörte, doch wo sich die Werkstatt des Vaters befunden hat, war nicht bekannt – bis zur Ausgrabung.

„Im Jahr 2009 begannen die Grabungsarbeiten im Gründungsviertel, als dort eine Schule abgerissen werden sollte", erklärt Sören Gehrken. In jenem Viertel, in dem erstmals Menschen in Lübeck gesiedelt hatten, sollten Neubauten für mehr Wohnraum sorgen. „Es war eine der größten städtischen Ausgrabungen in Europa", merkt der Geschichtsinteressierte an: Auf einer Fläche von mehr als 10.000 Quadratmetern, also mehr als einem Hektar, werden die alten Häuser und die darunterliegenden Schichten sorgfältig abgetragen, bis in eine Tiefe von drei Metern. Entsprechend zahlreich sind die Funde und sogenannten „Befunde", also die Hinterlassenschaften im Boden wie Mauerreste, Verfärbungen oder Gruben. Und dank einer speziellen Befundart haben sich im Haus des Paternostermachers Fragmente von

Bernsteinperlen erhalten – Erzeugnisse aus seiner Werkstatt, die sich offenbar ebenfalls in dem Gebäude befand. Seit Jahrhunderten warten diese in einer „Schatztruhe“ der anderen Art auf ihre Entdeckung: in einer Latrine.

„Kloaken sind für die Archäologie besondere Glücksfälle“, fährt Sören Gehrken fort. Die Gruben sind deswegen so besonders, weil sich aufgrund des feuchten Milieus darin Funde erhalten, die sonst für immer verloren gewesen wären, – insbesondere organische Materialien. Meist im hinteren Ende der Häuser angelegt, dienen diese nicht nur als stilles Örtchen, sondern auch als Müllgrube. In der Kloake des Paternostermachers finden sich daher unter anderem misslungene Rohlinge: „Bei der Herstellung von Bernsteinperlen kann einiges schiefgehen“, erklärt Sören Gehrken, „denn das wertvolle Material ist sehr weich und bricht schnell.“ Die gebrochenen Bernsteinperlen haben sich also etwa 700 Jahre lang in der modrig-feuchten Schicht tief unter der Erde erhalten. Dadurch gelingt es den Wissenschaftlern, die schriftlichen Quellen mit dem Standort in Verbindung zu bringen – alles dank des „stillen Örtchens“, das so still gar nicht ist. Denn darin sammeln sich über die Jahrhunderte wertvolle Informationen über das alltägliche Leben: Nicht nur Reste von Bernstein, Keramik, Glas, Textilien oder anderen Materialien finden sich darin, sondern beispielsweise auch Samen oder Pollen, die eine Rekonstruktion von Ernährung und Umwelt ermöglichen. Und eben solche Informationen sind doch die eigentlichen Schätze der Archäologie.

Annika Stahl

Hier stand das Haus des Pasternostermachers:

Das Haus des Johann Paternostermaker stand in der Braunstraße, dort, wo heute die beiden Wohnhäuser Nr. 30 und 32 stehen. Es war ursprünglich mit dem Nachbarhaus verbunden.

Der Gasometer – hier verhüllt – diente lange als Landmarke in Lübeck, die schon von weitem sichtbar war.

Gasometer

Verhülltes Denkmal

Bis in den Herbst 2021 ragte im Süden Lübecks ein rund 70 Meter hoher Turm in die Luft und diente als markante und weithin sichtbare Landmarke. Doch dieser 80.650 Kubikmeter fassende Gasbehälter, der auf dem Betriebsgelände der Stadtwerke Lübeck stand, war auch ein Zeugnis der spannenden Geschichte rund um die Gasversorgung in der Hansestadt Lübeck, deren Anfang bereits in den 1850er-Jahren liegt. „Hannover nahm in Deutschland eine Vorreiterrolle in ein", sagt der Historiker Christian Rathmer, „denn bereits 1826 wurde dort zum ersten Mal in Deutsch-

Beim Vergleich der beiden Bilder zeigt sich die Umgebung des ehemaligen Gasometers kaum verändert.

land eine gasbetriebene Straßenbeleuchtung installiert." Nachdem 20 Jahre später auch in Hamburg 2.020 Straßenlaternen leuchten, mehren sich in Lübeck die Stimmen, die sich dafür aussprechen, hier ebenfalls ein Gaswerk zu errichten. Zunächst wird jedoch heftig gestritten, ob dies eine ureigene Aufgabe der Stadt ist, oder ob private Investoren hinzugezogen werden sollen.

Schließlich nimmt die Stadt das Unterfangen selbst in die Hand. Senat und Bürgerschaft beschließen im Februar 1854, nach Maßgabe eines vom Baumeister Kühnell in Berlin ausgearbeiteten, vom Bankdirektor Müller begutachteten Planes, solle für Rechnung der Stadt eine Gasanstalt hergestellt werden. Dem Aufsatz *Die Straßen, deren Namen, Pflasterung, Reinigung und Beleuchtung, sowie die Versorgung der Stadt mit Wasser* von Dr. W. Brehmer aus dem Jahr 1888 ist zu entnehmen: „Die zur Bereitung des Gases bestimmten Gebäude wurden auf einem dem Staate gehörigen, zwischen der Moislinger Allee und dem Stadtgraben gelegenen Grundstück nahe dem Holstentor errichtet, und das in ihnen gewonnene Gas durch eine unterhalb der äußeren und der inneren Holstenbrücke angebrachte Rohrleitung der Stadt zugeführt."

Lange müssen sich die Lübecker dann nicht mehr gedulden, denn „[a]ls am 20. Dezember 1854 die Hauptstraßen und Hauptplätze der Stadt zum ersten Male mit Gas beleuchtet wurden, brannten auf ihnen 320 Gaslaternen". Bereits im Folgejahr hat sich deren Anzahl fast verdoppelt, und im Lauf der Zeit werden immer mehr Straßen mit Laternen ausgestattet. Um den stetig steigenden Bedarf decken zu können, wird die Gasanstalt fortlaufend erweitert und „die zur Gasbereitung benutzten Oefen, von denen bei Eröffnung der Anstalt ihrer acht mit 36 Retorten vorhanden waren", seien bis zum Jahre 1885 allmählich bis auf 10 mit 70 Retorten vermehrt worden, berichtet Brehmer in seinem Aufsatz. Und der Lübecker Historiker Christian Rathmer ergänzt: „Neben den Öfen mussten auch die zwei ursprünglichen Gasbehälter erweitert werden.1885 konnten nun rund 6.570 Kubikmeter Gas gespeichert werden, das entspricht in etwa der vierfachen Menge."

Um den gestiegenen Bedarf zu decken, wird in den 1890er-Jahren ein weiteres Werk gebaut: an der Geniner Straße am Elbe-Lübeck-Kanal, der späteren Heimat des Gasometers. Doch auch hier reichen die Kapazitäten bald nicht mehr aus: Bereits 1901 muss schon wieder erweitert werden. „Bei dieser Gelegenheit brachte man die Anlage auf den neuesten Stand der Technik", sagt Christian Rathmer und erläutert: „So kam es, dass die erste Ferngasleitung in Deutschland ausgerechnet von Lübeck nach Travemünde führte. Immerhin wurde damals eine Strecke von etwa 20 Kilometer überbrückt." Auch damit kann jedoch der wachsende Bedarf an Gas nicht gedeckt werden, deshalb wird das Gasnetz an die Kokerei angeschlossen, „denn bei der Produktion von Koks im Hochofen fällt als Abfallprodukt Gas an. „Aber", schränkt der Lübecker ein, „es war zunächst von minderer Qualität. Dennoch trug die Kokerei zu fast 40 Prozent zur täglichen Bedarfsdeckung bei."

Selbst während des Ersten Weltkriegs steigt der Bedarf weiter an, vor allem da das Konkurrenzprodukt Petroleum kaum noch zur Verfügung steht. 1917 wird das Gaswerk an der Geniner Straße nochmals erweitert, doch aufgrund der Kohleknappheit im letzten Kriegsjahr muss die Produktion gedrosselt werden und das neu errichtete Gaswerk II wird kaum genutzt. Auch die folgenden Jahre bleiben schwierig, insbesondere als 1923 die Inflation die Preise in schwindelerregende Höhen katapultiert und ein Kubikmeter Gas schließlich 230 Milliarden Mark kostet. Erst mit der Währungsreform stabilisieren sich die Preise, sodass die Nachfrage langsam wieder steigt. Dennoch wird das alte – das erste – Gaswerk an der Moislinger Allee nach rund 70 Jahren abgerissen, weil es mehrere Jahre lang nicht mehr genutzt worden war. Der Betrieb im Süden Lübecks wird hingegen fortgesetzt und die Abnahmemenge vom Hochofenwerk 1928 auf 100.000 Kubikmeter Gas aufgestockt. Allerdings muss im Gegenzug die Produktion von Steinkohlegas im städtischen Gaswerk eingestellt werden. „Somit fungiert das Gaswerk der Stadt Lübeck nur noch zur Speicherung und Verteilung“, schildert Rathmer die Konsequenzen. Das Geschäft floriert, infolgedessen wird in den 1930er-Jahren der Betrieb an der Geniner Straße umfangreich erneuert und modernisiert.

In der Nacht vom 28. März 1942 wird Lübeck Ziel eines schweren Bombenangriffs, dabei wird auch das Gaswerk getroffen und schwer beschädigt. Ein Gasbehälter wird aufgerissen, zwei weitere werden Opfer der Flammen, aber insbesondere die massive Zerstörung des Leitungsnetzes führt dazu, dass selbst viele Monate später immer noch viel Gas durch die entstandenen Lecks verloren geht. „Im April 1945 musste die Versorgung sogar komplett eingestellt werden“, sagt der Lübecker, „erst im Oktober desselben Jahres konnte die Versorgung stark eingeschränkt wiederaufgenommen werden.“ Vier Jahre müssen die Lübecker mit der Gasrationierung zurechtkommen, erst mit der Währungsreform und dem damit einhergehenden Wirtschaftsprogramm können die Verteilungsanlagen und Rohrnetze erneuert sowie erweitert werden.

„Im April 1945 musste die Versorgung sogar komplett eingestellt werden, erst im Oktober desselben Jahres konnte die Versorgung stark eingeschränkt wiederaufgenommen werden.“

„Krönender Abschluss dieser Maßnahme ist der Bau des Gasometers 1954“, erzählt Christian Rathmer von dem eingangs erwähnten

Turm, der mehrere Jahrzehnte das Stadtbild im Süden Lübecks prägte. Dabei handelt es sich um einen Scheibengasbehälter der Bauart „Klönne-Trockengasbehälter". Bei dieser Ausführung befindet sich eine frei bewegliche Scheibe in dem festen Zylinder. „Diese liegt quasi wie ein Deckel auf der Gasfüllung und bewegt sich je nach Füllstand entweder nach oben oder unten", erklärt der Historiker. Der Druck innerhalb des Behälters wird durch Betongewichte, die auf der Scheibe angebracht sind, konstant gehalten. Damit zwischen der beweglichen Scheibe und den Außenwänden des Behälters kein Gas entweichen kann, werden Ledermanschetten mittels Andruckrollen gegen die innere Wandung gepresst. „In dem Gasbehälter konnten mehr als 80.000 Kubikmeter Gas gespeichert werden", beschreibt Rathmer das Volumen. Er hat ausgerechnet, dass das in etwa dem rund 113-fachen Inhalt des ersten Behälters in der Moislinger Allee entsprechen würde. Dennoch dient dieser Behälter nicht zur dauerhaften Speicherung von Gas, sondern wird bei Versorgungsspitzen, wenn der Bedarf besonders groß ist, genutzt. Denn trotz seiner großen Füllmenge kann er die gesamte Gasversorgung von Lübeck nur rund 45 Minuten aufrechterhalten: Dann kommt die Scheibe auf dem Boden an und der Tank ist leer.

Bis 2015 wird der Scheibengasbehälter von den Stadtwerken Lübeck genutzt, dann geht dieser letzte Gasbehälter seiner Art in Schleswig-Holstein vom Netz. „Die Technik hatte sich weiterentwickelt und für den Behälter gäbe es keine Verwendung mehr", erklärt Christian Rathmer. Deshalb stimmt im August 2015 die städtische Bauverwaltung dem Abrissgesuch der Stadtwerke Lübeck GmbH zu. Doch einen Monat später kassiert die Lübecker Denkmalschutzbehörde die Genehmigung ein und stellt einen der letzten in ganz Deutschland erhaltenen Gasbehälter, die noch von der Firma Klönne stammen, aufgrund seiner technikgeschichtlichen Bedeutung unter Denkmalschutz. „Damit war der Abriss zunächst einmal vom Tisch", unterstreicht Rathmer die Bedeutung der Entscheidung, „in Lübeck wurde nun hin und her überlegt, wie man das Industriedenkmal wieder mit Leben füllen könnte", doch kein Konzept habe sich als tragfähig erwiesen. Denn mit der Lage neben einem bestehenden Gasbetrieb gilt das Gelände als Sicherheitszone und somit ist Publikumsverkehr ausgeschlossen. Als dann wenige Jahre nach der Entscheidung der Denkmalschutzbehörde rostende Nieten vom Gaskessel herunterfallen und diese als Gefahr für vorbeilaufende Passanten gelten, muss der Behälter für rund eine Million Euro eingehaust werden. „Der Gasbehälter sah dann so aus, als ob ihn der Künstler Christo verhüllt hätte", beschreibt der Historiker den Anblick, den die Lübecker seit Februar 2019 tagtäglich im Süden der Hansestadt betrachten können. Zu den hohen Kosten der Verhüllung kommen jährlich nochmals 100.000 Euro Unterhalt dazu.

Im August 2021 hebt Bürgermeister Jan Lindenau in seiner Funktion als Oberster Denkmalpfleger der Stadt den Denkmalschutz des Industriebauwerks auf, da „kein alternatives Umbau- und Nutzungskonzept gefunden werden" konnte. Bereits am 16. August beginnen die Abrissarbeiten, die schon im November abgeschlossen sind. „Binnen weniger Wochen verschwand ein Industriedenkmal", berichtet Christian Rathmer, „das vorübergehend unter Denkmalschutz stand." Doch damit endete die Geschichte zumindest für den Bund der Steuerzahler in Schleswig-Holstein noch nicht: Der Gasometer landet im Schwarzbuch 2022. „Weil der Gasometer für sechs Jahre unter Denkmalschutz gestellt wurde, mussten die Stadtwerke Lübeck vor dem Abriss noch 1,6 Millionen Euro bezahlen." Unabhängig von den Kosten verlor Lübeck mit dem Gasometer aber nicht nur einen Teil seiner industriellen Geschichte, sondern auch eine weithin sichtbare Landmarke – egal ob nackt oder verhüllt.

Melanie Kunze

Hier stand der Gasometer:

Der Industriebau gehörte zum sogenannten Gaswerk II in der Geniner Straße 80.

Anfang des letzten Jahrhunderts sah das Brauerei-Gelände an der Geniner Straße noch ganz anders aus.

Brauerei Walkmühle

„Lück muss der Mensch haben“

Es ist schmackhaft und benötigt nur drei Zutaten – Wasser, Gerste und Hopfen. Dass Bier in der Vergangenheit neben Wein zu dem Erfolgsgetränk wurde, ist daher kaum verwunderlich. Nicht nur bietet es den Menschen eine sichere Alternative zum oft verunreinigten Wasser, sondern liefert nebenbei Flüssigkeit und Nährstoffe für den Körper. Als Lebensmittel wird es in Lübeck daher vielfältig eingesetzt, sei es zum Trinken als Dünnbier oder Dickbier, zum Kochen, als Biersuppe oder Bierbrei. Die Geschichte des Bierbrauens in Lübeck ist lang, sie reicht bis ins 13.

Abgesehen vom ehemaligen Kesselhaus und einem Teil des Nebengebäudes hat sich von der Brauerei heute nichts erhalten.

Jahrhundert zurück. Der Anfang vom Ende der Tradition kommt jedoch im Jahr 1987, als die *Lübecker Nachrichten* verkünden, die „Brauerei zur Walkmühle H. Lück AG" in der Geniner Straße werde zum April 1988 ihren Betrieb einstellen – was wie eine banale Zeitungsmeldung klingt, stellt einen Bruch in der Lübecker Industriegeschichte dar. Doch zurück zum Anfang.

„Im 13. Jahrhundert entstand die erste Lübecker Wasserkunst an der Wakenitz, die später ‚Brauwasserkunst vorm Hüxtertor' genannt wurde."

Bereits früh ist das Lübecker Braugewerbe nicht nur für die Stadt, sondern auch für die Exportwirtschaft bedeutend. „Im 13. Jahrhundert entstand die erste Lübecker Wasserkunst an der Wakenitz, die später *Brauwasserkunst vorm Hüxtertor* genannt wurde", erklärt Historiker Christian Rathmer. Denn Flüssigkeit ist schließlich eine der Hauptzutaten für Bier. Und hier, an der Wakenitz, ist es weich und keimarm – im Gegensatz zum Wasser aus der Trave, das wegen der Meeresnähe und der daraus resultierenden Versalzung ungeeignet ist. Doch nicht nur die Wasserkünste machen das Brauen in Lübeck besonders. „Vom 13. bis ins 15. Jahrhundert war die Produktion von Hopfenbier fast ausschließlich auf diese Region beschränkt", fährt der Lübecker fort. Die traditionelle Brauart des Nordens setzt sich später auch in anderen Teilen Deutschlands durch. Kein Wunder, denn die Vorteile sind eindeutig: Hopfen verleiht dem Bier seine Würze und ist zugleich Geschmacksträger und Konservierungsmittel. Außerdem kann die Pflanze unbedenklich verwendet werden: Im Mittelalter, sogar noch in der Neuzeit, werden dem Bier nämlich vielerorts nicht nur fragwürdige, sondern auch gefährliche Zutaten beigemischt, um die Flüssigkeit haltbar zu machen und geschmacklich aufzuwerten. Da manche der hinzugefügten Pflanzen hochgiftig waren, begannen Landesherren und Stadträte, Brauordnungen zu erlassen. Der große Einbruch in der Erfolgsgeschichte des Getränks ist in Lübeck jedoch nicht auf mangelnde Qualität oder fragwürdige Zutaten zurückzuführen.

„Hohe Schutzzölle, Importverbote in bestimmte Abnahmeländer und die Entwicklung des ländlichen Brauwesens waren der Untergang des traditionellen Lübecker Braugewerbes, der im 16. Jahrhundert begann und sich im 17. Jahrhundert fortsetzte", schildert Christian Rathmer die historische Entwicklung. Während die im Umland neu entstandenen Brauereien also besseres und günstigeres Bier brauen, müssen sich die Lübecker aufgrund der Brauordnung von 1686 auf den sogenannten „Reihebrau" beschränken. Das heißt, es durfte erst frisches Bier hergestellt werden, wenn das alte verbraucht war. Zwar sind die Brauer in einer Zunft organisiert, aber das Gewerbe stellt in Lübeck ein staatlich sanktioniertes Monopol dar. „Im 18. und 19. Jahrhundert ging die Brauproduktion daher beständig zurück, ein Braubetrieb nach dem anderen

„Hohe Schutzzölle, Importverbote in bestimmte Abnahmeländer und die Entwicklung des ländlichen Brauwesens waren der Untergang des traditionellen Lübecker Braugewerbes, der im 16. Jahrhundert begann und sich im 17. Jahrhundert fortsetzte."

stellte seine Produktion ein." Erst 1864 erlässt der Senat eine Reform des Brauwesens, nachdem der Wunsch nach Veränderung immer lauter geworden war. An dieser Stelle beginnt die Geschichte um die Brauerei Lück.

Die zweite Brauerlaubnis nach der Reform des Brauwesens geht an den Gärtner Heinrich Christian Lück, der auf dem ihm gehörenden Grundstück in St. Jürgen seine Brauerei gründet. „Die neuen Gebäude wurden auf dem Gelände der traditionsreichen Walkmühle erbaut", fährt der Historiker fort – daher ist der Betrieb auch unter diesem Namen bekannt. Und das gleichnamige Gartenlokal, das nach Abbruch der Mühle dort errichtet worden war, sollte einmal die Nachfrage nach diesem Bier verstärken. Von Beginn an ist das Bier beliebt: Als das erste Lück-Bier im März 1866 ausgeliefert wird, stößt das Getränk auf eine große Nachfrage, denn im Gegensatz zu den lokalen Bieren schmeckt es intensiver: „Das Bier wurde – im Unterschied zu Lübecker Bier – untergärig und nicht obergärig gebraut", verrät Christian Rathmer.

Nicht nur Pils, sondern auch andere Sorten wie Bockbier wurden von der Brauerei angeboten.

Das Wissen um diese Brauart verdankt Lück seinen Söhnen Heinrich und Carl, die zuvor in Bayern das Brauhandwerk zur Herstellung von Lagerbier erlernt hatten. Und es ist ein Novum in der Hansestadt: Die Brauerei Lück ist der erste Betrieb, der in Lübeck fabrikmäßig bayerisches Bier herstellt. Dass bis dato traditionsgemäß nur obergärig gebraut wurde, lag unter anderem daran, dass bis zur Entwicklung des von Carl von Linde (1842-1934) erfundenen Kühlschranks untergäriges Bier nur im Winter gebraut werden konnte, weil die dabei verwendeten Hefen zur Gärung eine Temperatur von unter neun Grad Celsius benötigen. Das heißt: Im Sommer misslingt der Prozess oder führt zu schlechtem Geschmack.

Neben der neuartigen Kühlung im 19. Jahrhundert revolutioniert außerdem die Entwicklung der Dampfmaschine das Bierbrauen: Bevor das geschrotete Malz mit Dampf erhitzt wurde, stand es in früheren Zeiten in Bottichen über dem offenen Feuer. Die direkte Hitze bewirkte, dass der Inhalt an manchen Stellen verbrannte – was dem Geschmack abträglich war. Auch in diesem Fall ist die Brauerei Lück Vorreiter: „Nicht nur stellte die Brauerei Lück untergäriges Bier her, sondern es war auch die erste Dampfbierbrauerei in der Stadt", merkt der Historiker an. Und das war dringend nötig: Die Gäste, die das Gartenlokal bei der alten Walkmühle zuvor für Kaffee und Kuchen aufsuchten, kommen nun wegen des Bieres. Jahr um Jahr verzeichnet die Brauerei mehr Absatz. Daher ist die Umstellung von Hand- auf Dampfbetrieb im Jahr 1872 dringend erforderlich.

Um eine Schließung der Brauerei zu verhindern, sammeln Mitarbeiter 1987 Unterschriften.

Doch das Jahr 1872 ist auch ein tragisches für die Brauerfamilie: Gründervater Lück stirbt. Sein Sohn Heinrich übernimmt den Betrieb und die Brauerei bleibt in den nächsten Jahrzehnten erfolgreich. Nach dessen Tod 1906 führen seine Frau sowie sein Sohn und Enkelsohn den Betrieb weiter. 1925 wird die Brauerei in eine Aktiengesellschaft umgewandelt. In den 1970er-Jahren verkauft Familie Lück die Brauerei an die Bavaria-Brauerei Hamburg, im Jahr 1988 schließt der Betrieb – und damit endet ein Stück Geschichte der langen und traditionellen Lübecker Braukunst. Von der ehemaligen Brauerei bleibt nur das Kesselhaus erhalten, das heute von einer Konservenfabrik genutzt wird. Ansonsten aus und vorbei? Ja, zumindest bis 2011: Denn in diesem Jahr kauft ein Brauer aus Schleswig-Holstein den Markennamen und setzt die Tradition am neuen Standort nahe Neumünster nach langer Pause fort. Tja, wie heißt der in den 1950er-Jahren eingeführte Slogan der Brauerei doch gleich? „Lück muss der Mensch haben!“

„Lück muss der Mensch haben!“

Annika Stahl

Hier stand die Brauerei Walkmühle:

Der Betrieb befand sich im heutigen Industriegebiet am Trave-Kanal. Ein Teil der ehemaligen Brauerei wird heute von einer Konservenfabrik in der Geniner Straße genutzt. Die nahegelegene Querstraße „Walkmühlenweg“ erinnert noch an das gleichnamige Gartenlokal.

Der Bahnhof wurde zunächst in der Nähe des heute noch erhaltenen Holstentors gebaut.

Alter Bahnhof

Königlicher Widerstand

Wie der Vater, so der Sohn: Dieses Sprichwort könnte fast für den Kaufmann Nikolaus Hermann Müller (1771-1842) und seinen Stammhalter Emil (1807-1857) erfunden worden sein. Denn ganz wie der Herr Papa setzt sich auch der Kaufmannssohn schon früh für bessere Verkehrsverbindungen für Lübeck ein. Während Nikolaus Hermann Müller sich 1824 an der ersten Lübecker Dampfschifffahrts-Gesellschaft beteiligt, wird sein Sohnemann die Schiene favorisieren. Doch bevor die ersten Eisenbahnen durch Lübeck fahren, müssen viele Hürden genommen

Auch heute herrscht noch viel Verkehr vor dem Holstentor – aber längst nicht mehr auf der Schiene.

und auch die nötige Infrastruktur geschaffen werden. Und das kostet Zeit: „Von der Idee bis zum ersten Bahnhof vergingen zwei Jahrzehnte", umreißt Axel Schattschneider die Zeitspanne.

Obwohl die allerereste Eisenbahnstrecke in Deutschland – die zwischen Nürnberg und Fürth – noch in der Planungsphase ist, engagiert sich Emil Müller (1807-1857) schon für eine direkte Zugverbindung der beiden Hansestädte Hamburg und Lübeck. Er hat bereits gemeinsam mit seinem Vater erfolgreich eine Dampfschifffahrts-Gesellschaft gegründet, die ab 1831 St. Petersburg mit Lübeck verbindet. „Diese Passage wurde sehr schnell erfolgreich, auch weil unter anderem der russische Zar selbst Anteilseigner war und die Unternehmung unterstützte", erzählt der Wahllübecker Schattschneider. „Insbesondere auch Reisende aus London nutzten diese Verbindung via Hamburg, um in die russische Stadt zu gelangen." Doch wer sich in dieser Hansestadt an der Elbe aufhält, muss erst einmal auf der 70 Kilometer langen Verbindungsstraße nach Lübeck reisen, was alles andere als komfortabel ist, denn die Verbindungsstraße ist in einem schlechten Zustand. Zeitintensiv ist die Strecke obendrein: Die Postkutsche benötigt dafür einen ganzen Tag. Würde aber ein Zug zwischen Hamburg und Lübeck verkehren – so die Überlegung des findigen Unternehmers – wären diese Strapazen deutlich verringert, auch könnten die Fahrgäste ihr Ziel schneller erreichen. „Damit, so hoffte Müller, würde sich dann auch das Passagieraufkommen von Lübeck nach St. Petersburg deutlich steigern", und zwei Fliegen wären elegant mit einer Klappe geschlagen. Voller Elan stürzt sich Emil Müller in die Umsetzung seiner Vision. Er reist nach London, um dort Geschäftspartner für sein Projekt zu finden, denn in Deutschland steht man der technischen Innovation namens Eisenbahn noch eher skeptisch gegenüber.

Axel Schattschneider – der sich gerne selbst als der „etwas andere Stadtführer" bezeichnet – kennt sich in seiner Wahlheimat bestens aus und hat sich intensiv mit der Eisenbahngeschichte der Hansestadt auseinandergesetzt.

„In London kam sein Vorhaben jedoch gut an und die Ingenieure Francis Giles und William Lindley stiegen mit ein", berichtet der Gästeführer. Lindley (1808-1900) zögert nicht lange und reist nach Hamburg, um dort die Strecke zu vermessen. Da aber weder der Lübecker Rat noch der dänische Königshof über die Arbeiten informiert wurden, kommt es zu diplomatischen Missstimmungen. Denn obwohl Lübeck und Hamburg auf dem Wiener Kongress von 1815 als Freie und Hansestadt anerkannt wurden und damit ein völkerrechtlich souveränes Mitglied des Deutschen Bundes waren, musste König Friedrich VI. (1768-1839) von Dänemark und Herzog von Schleswig und Holstein einer solchen Zugverbindung zustimmen, „und zwar deshalb, weil die Strecke über Holstein führt und somit unter dänischer Verwaltung stand“, verdeutlicht Axel Schattschneider die Rechtslage. „König Friedrich ging davon aus, dass der Lübecker Rat über das Vorgehen des englischen Ingenieurs nicht nur im Bilde war, sondern sogar von diesem beauftragt wurde“, benennt er eine Erklärung für die Verärgerung des dänischen Monarchen. Dieser hatte bis dato Sundzölle für den Seeweg eingestrichen, die er durch eine Straßenverkehrsverbindung der beiden Hansestädte in Gefahr sah. Außerdem wollte er das Reiseaufkommen und den Warenverkehr zwischen den zu seinem Hoheitsgebiet gehörenden Städten Kiel und Altona stärken.

Doch die Wogen lassen sich glätten, Kaufmannssohn Müller und seine englischen Partner zögern nicht lange, gründen ein Eisenbahn-Komitee und werben mit einem Prospekt um Aktionäre. Während sie in London recht erfolgreich Investoren gewinnen können, scheitern sie in Hamburg und Lübeck. Die politischen Kontroversen mit dem dänischen Königshof schrecken Interessenten in Deutschland ab. Als ein Scheitern immer wahrscheinlicher wird, zieht Müller die Reißleine und steigt aus dem Unternehmen aus, das zwar unter rein britischer Führung zunächst weitermacht, sich aber 1839 auflöst. „Aufgeben kam für den Lübecker Kaufmannssohn trotzdem nicht infrage“, berichtet Axel Schattschneider. „Er suchte weiter nach Unterstützern und schrieb mehrere Artikel, die er in Zeitungen veröffentlichte.“ Schließlich zahlen sich seine Bemühungen aus, Holsteins Bevölkerung zeigt Interesse.

Nun beginnt das Wettrennen: Dänemark sieht sich im Zugzwang und setzt eine dänische Regierungskommission unter der Leitung von Heinrich von Reventlow-Criminil ein, die 1840 zur Gründung der Altona-Kieler Eisenbahn-Gesellschaft führt. Emil Müller ist zwischenzeitlich Geschäftsführer einer Gesellschaft, die 1842 die Hamburg-Bergedorfer-Eisenbahn eröffnet. „1843 strebte Lübeck wieder eine Eisenbahnstrecke nach Hamburg an. Dieses Mal ergriff aber der Rat selbst die Initiative“, schildert Schattschneider, „doch alle Anfragen wurden von der dänischen Seite abgelehnt.“ Erst als andere Staaten des Deutschen Bundes sowie Frankreich und Russland Druck ausüben, stimmt Dänemark am 23. Juni 1847 dem Bau einer Eisenbahnstrecke von Lübeck nach Büchen im Herzogtum Lauenburg zu, das an der Berlin-Hamburger Bahnstrecke liegt.

Bis zur Gründung der Lübeck-Büchener-Eisenbahn-Gesellschaft und dem Baustart am 27. Februar 1850 vergehen fast drei Jahre: Die Erdarbeiten dauern bis in den April 1851, am 15. Oktober 1851 kann die Bahnstrecke Lübeck-Büchen endlich eröffnet werden, „allerdings zunächst noch mit einem provisorischen Empfangsgebäude", schränkt der Gästeführer ein, ein richtiges Bahnhofsgebäude gibt es noch nicht. Auch ansonsten ist der Betrieb eher bescheiden: Fünf Lokomotiven, 13 Personenwagen für rund 500 Fahrgäste, zwei Gepäckwagen sowie 71 Güter- und Viehwagen zählen zum Bestand. Lediglich drei Zugpaare verkehren zwischen Lübeck und Büchen. Dennoch zeigen sich die Lübecker hocherfreut über diesen technischen Fortschritt und die neugewonnene Mobilität. „Für die erste Fahrt gab man kunstvoll lithographierte Ehrenkarten aus. Die ganze Bevölkerung war auf den Beinen und hielt die Gegend um den damaligen Bahnhof am Holstentor und den Wall besetzt", schreibt Conrad Neckels in dem Buch *Lübeck – Königin der Hanse* – auch wenn dort vorläufig nur ein Holzschuppen stand.

Bis zur Fertigstellung des Bahnhofsgebäudes dauert es allerdings nochmals fast zwei Jahre. „Und auch ein Wahrzeichen der Hansestadt musste weichen", räumt Axel Schattschneider ein. „Nachdem bereits zwei Holstentore – das zweite Äußere und das Innere – 1808 und 1828 abgetragen wurden, fiel für die Eisenbahn und die weiteren Gleise nun auch noch das Äußere Holstentor." Der Bahnhof erstreckt sich nun westlich des Mittleren Holstentores auf einer Länge von 43,5 und einer Breite von 15,5 Metern. Der zweigeschossige Mittelbau steht zwischen zwei beiderseits vortretenden dreigeschossigen Kopfbauten. Das Erdgeschoss des Mittelteils wird von einer lang gestreckten Vorhalle eingenommen, die sich in einer verglasten, rundbogigen Arkade nach vorn öffnet und zu der breiten Freitreppe emporführt. An der Rückseite des Gebäudes befindet sich eine hölzerne Bahnsteighalle mit verspielter Dachkonstruktion: Jeder Bogen trägt in seinem Scheitelpunkt den lübischen Doppeladler im Wechsel mit dem Hamburger Wappen.

Schnell trägt sich die Bahn – die Gewinne werden in den Bau der Lübecker Hafenbahn und eine Kokerei reinvestiert. Erst 1863 kann mit dem Bau der Strecke direkt nach Hamburg begonnen werden. Weitere zwei Jahre gehen ins Land, ehe sich am 1. August 1865 endlich der erste Zug über Reinfeld, Oldesloe, Ahrensburg, Rahlstedt sowie Wandsbeck bis zum Lübecker Bahnhof in Hamburg in Bewegung setzen kann. Die Strecke entwickelt sich zum Erfolgsgaranten: Zehn Jahre später muss bereits ein zweites Gleis verlegt werden. Die Kapazität des Bahnhofs auf der Wallhalbinsel in der Nähe des letzten verbliebenen Holstentors wird im Lauf der Zeit von einem Gleis auf vier erweitert.

Doch das gestiegene Verkehrsaufkommen erweist sich als problematisch, da die Züge den Kopfbahnhof über eine Hauptstraße verlassen und auf den ersten Kilometern auch mehrere Gewässer und Brücken queren müssen. Schnell kommt der Bahnhof daher an seine Leistungsgrenze. „Ab der Jahrhundertwende wurde es offensichtlich, dass die Kapazitäten des alten Bahnhofs nicht mehr reichen", sagt Axel Schattschneider. „Da es aber am jetzigen Standort keine Erweiterungsmöglichkeiten mehr gab, wurde etwa 500 Meter westlich davon ein neuer Bahnhof gebaut, der schließlich 1908 seinen Betrieb aufnahm." Das alte Bahnhofsgebäude wird danach unterschiedlich weitergenutzt, mal als Verwaltungssitz der Hafenbahn, während des Ersten Weltkriegs als Kriegsküche.

Nach langem Hin und Her fällt 1933 die Entscheidung, das Bahnhofsgebäude abzureißen und neue Straßen sowie einen Park anzulegen. „Im Folgejahr erfolgte dann der Abriss und bereits im Oktober 1934 wurde der so neu entstandene Holstentorplatz der Öffentlichkeit übergeben", berichtet der Wahllübecker über das Ende des Bahnhofs, der als Symbol für die Anfänge der Eisenbahn in Lübeck stand.

Melanie Kunze

Hier stand der alte Bahnhof:

Der Bahnhof lag westlich des Mittleren Holstentors auf der Wallhalbinsel.

Das „Irrenhaus" in der Wakenitzstraße, in dem ab 1788 psychisch kranke Menschen versorgt wurden.

„Irrenhaus"

Von der Tollkiste zur Heilanstalt

„Ich bin bald reif fürs Irrenhaus", führt der Duden als Beispiel für die Bedeutung des Wortes „Irrenhaus" an. Heißt also, dass eine Person ihre Situation kaum länger ertragen kann, sondern erwartet, demnächst in eine Nervenheilanstalt eingewiesen werden zu müssen. Wie die Begriffe *Klapsmühle* oder *Klapse* wird das Wort heutzutage abwertend benutzt. Doch das ist eigentlich irreführend, denn als 1787 das „Irrenhaus" an der Wakenitzstraße gebaut wird, stellt es eine seinerzeit sehr fortschrittliche Einrichtung dar: „Es war ein wichtiger Schritt auf dem Weg zu einer menschenwürdigen Behandlung

Von der einstigen Heilanstalt haben sich im heutigen Wohngebiet keinerlei Reste erhalten.

der ‚geistig Behinderten' und psychisch Kranken", erklärt Stephanie Ullrich. Denn in der Vergangenheit traf diese Menschen ein schweres Schicksal, besonders wenn sie als gefährlich eingestuft wurden: „Im Mittelalter, um das 12. Jahrhundert, wurden die unruhigen und aggressiven Erkrankten außerhalb der Lübecker Stadtbefestigung in gegen das Wetter ungeschützten ‚Tollkisten' verwahrt." Solche „Dordenkisten", wie sie zu Beginn bezeichnet wurden, sind Verschläge, die sich vor dem nördlichen Burgtor sowie in der Mauer des Brückendamms befanden. Die Bürger hätten die darin Eingesperrten wie „Tiere im Zoo" betrachten können, führt Stephanie Ullrich aus und ergänzt: „Es war eine absolut menschenunwürdige Unterbringung. Von Betreuung konnte keine Rede sein." Wer hingegen als ungefährlich galt, wurde – wenn möglich – von der Familie gepflegt oder landete in von der Kirche betreuten Spitälern.

Dort waren die Umstände für die psychisch Kranken nicht besser, ganz im Gegenteil: „Im späten Mittelalter wurden die Krankheitssymptome der psychisch Erkrankten als Wirken des Teufels interpretiert und viele der Betroffenen als Hexen oder Zauberer verfolgt." Bis in die frühe Neuzeit werden Tausende erkrankter Menschen gefoltert und verbrannt. Immerhin, als 1601 der Rat der Stadt im Siechenhaus vor dem Mühlentor ein „Unsinnigenhaus" einrichtet, können darin die Patienten untergebracht werden, die für sich und andere eine Gefahr darstellen – sofern sie nicht auf dem Scheiterhaufen enden.

„Erst im Zuge der Aufklärung setzte sich im 18. Jahrhundert ein Verständnis für eine menschenwürdige Verwahrung durch und es kam in Lübeck im Jahr 1787 zum Bau einer ‚Irrenanstalt' in der Wakenitzstraße", erklärt die Gästeführerin. Aufgebaut mithilfe von bürgerlichem Engagement und Spenden wird in dem unverputzten Ziegelsteinbau in 14 Krankenzellen für „närrische und verwirrte Personen" gesorgt. Doch die Unterbringung der Patienten gleicht mehr einem Gefängnis, die Türen sind mit vergitterten Luken versehen, das Essen wird in Schüsseln durchgeschoben und nur die stabileren Insassen dürfen tagsüber ihre Zelle verlassen – die anderen verweilen im Dunkeln, ohne Beschäftigung, ohne medizinische Betreuung. Ärzte kommen anfangs nur, wenn die Patienten schwere körperliche Beschwerden wie Fieber haben. Im 19. Jahrhundert verbessern sich jedoch die Umstände: Das Gebäude, bestehend aus einem breiten Vorderhaus und zwei Seitenflügeln, wird weiter ausgebaut, die Zellen freundlicher gestaltet und ein hauseigener Arzt angestellt. Doch effektive Therapien gibt es zu dieser Zeit keine.

Einen Meilenstein erreicht die Geschichte der Psychiatrie in Lübeck im Jahr 1912, wie Stephanie Ullrich weiß. Die Angestellte in der Augenheilkunde arbeitet in dem Klinikum, dessen Gebäude früher für die „Heilanstalt Strecknitz" genutzt wurden. Mit dem Bau dieser Einrichtung auf dem Gelände des Gutes Strecknitz wurde das „Irrenhaus" in der Wakenitzstraße hinsichtlich seiner bisherigen Funktion überflüssig und schließlich, nachdem es eine Zeitlang für Mietwohnungen genutzt worden war, 1972 abgerissen.

Mit dem Neubau der psychiatrischen Fachklinik in Strecknitz erhielten die Erkrankten nun eine menschenwürdige Unterbringung sowie individuelle Therapien. Die Machtergreifung der Nationalsozialisten bedeutete im Gegensatz zu den Fortschritten des beginnenden

20. Jahrhunderts jedoch einen düsteren Tiefpunkt: „Im September 1941 werden 605 Insassen der Heilanstalt auf Veranlassung der Nationalsozialisten abgeholt und in Lager nach Eichberg und Weilmünster gebracht", erklärt die Lübeckerin. Alle der über 600 Patienten finden bei der als „Aktion Brandt" bezeichneten Ermordung der Insassen von Heil- und Pflegeanstalten ein tragisches Ende. Die Heilanstalt Strecknitz wird später zum allgemeinen Krankenhaus, dem „Universitätsklinikum Schleswig-Holstein", umgebaut.

Während dieser Zeit habe es jedoch auch Lichtblicke gegeben, berichtet Stephanie Ullrich, die als zweites Standbein Stadtführungen gibt. „Lübecks erste psychotherapeutisch tätige Ärztin, Emma Mathilde Kuntz-Evers, arbeitete in dieser Zeit an der Heilanstalt, nachdem sie 1934 ihre Approbation in der Psychiatrie erhalten hatte." Die Ärztin kann die Deportation zwar nicht verhindern, aber in den nachfolgenden Jahrzehnten setzt sie sich für die psychisch Kranken ein. „Sie erhielt 1981 das Bundes-Verdienstkreuz der I. Klasse für ihre besonderen Dienste auf dem sozialen Sektor." Ihre Gutachten, die sie bis ins hohe Alter verfasst, hätten in besonderem Ausmaße zur Wahrheitsfindung beigetragen. In ihren späten Lebensjahren leistet sie ihre Arbeit gegen niedrige Honorare und teilweise sogar kostenlos, um vor allem auch junge Menschen zu behandeln und vor Gericht zu beraten.

Sie sei einfach eine „Tolle Tante", wie Stephanie Ullrich Frauen wie Kuntz-Evers bei ihren Frauenführungen nennt. „Interessant ist übrigens, wie sich der Ausdruck ‚toll' seit dem Mittelalter in seiner Nutzung verändert hat", merkt sie an. Damals noch ein negatives Wort für Verrückte und heute ein Synonym für etwas Positives. Irre, oder?

Annika Stahl

Hier stand das „Irrenhaus":

Die Anstalt befand sich in der Wakenitzstraße, die heute Teil eines größeren Wohngebietes ist, Hausnummer 38. Die Gebäude der Heilanstalt Strecknitz bestehen noch heute und gehören zum Universitätsklinikum in der Ratzeburger Allee 160.

Zeichnung der 1827 neu eingeweihten Moislinger Synagoge, die Lazarus Salomon Lewertoff zugeschrieben wird.

Synagoge Moisling

Bitte eines Diplomaten

Hoffnungsvoll legt der deutsche Diplomat in dänischen Diensten Gottfried von Wedderkop (1689-1741) am 6. Dezember 1726 sein Schreibgerät beiseite und betrachtet die kunstvoll geschwungenen Zeilen, die er soeben an König Friedrich IV. (1671-1730) verfasst hat. Darin bittet er den Monarchen von Dänemark und Norwegen, den Juden von Moisling eine Synagoge bauen zu dürfen. „Die ersten Juden ließen sich rund 70 Jahre zuvor in Moisling nieder", berichtet Heidemarie Kugler-Weiemann, die sich schon lange mit der Geschichte ihrer Heimatstadt beschäftigt,

Ruhe und Erholung stehen heute im Vordergrund auf dem Areal, das einst das Zentrum des sakralen jüdischen Lebens darstellte.

über die Anfänge der Gemeinde. Die pensionierte Lehrerin hat sich – mitunter auch gemeinsam mit ihren Schülern – um die Aufarbeitung des Holocaust in ihrer Heimatstadt Lübeck und die Interaktion mit Juden verdient gemacht.

1656 sind jüdische Familien aus dem Großreich Polen-Litauen auf der Flucht vor den Pogromen des ukrainischen Kosakenaufstandes, einige von ihnen kommen auch nach Lübeck. „Doch dort wurden sie nicht mit offenen Armen empfangen", erzählt Heidemarie Kugler-Weiemann. Rat und Bürgerschaft sind gegen eine Aufnahme der Geflüchteten in Lübeck und Umgebung. Nur Bürgermeister von Höveln zeigt sich den Familien gegenüber offener. „Aber vermutlich eher nicht aus Mitgefühl", überlegt die Preisträgerin des Obermayer German Jewish History Award von 2010, „sondern aus ökonomischen Gründen, denn er siedelte sie auf seinem Gut in Moisling an und gab ihnen damit eine neue Heimat." Doch selbst dort sind die jüdischen Familien dem Rat und der Bürgerschaft von Lübeck ein Dorn im Auge.

„Damals war Moisling noch eigenständig und kein Stadtteil der Hansestadt“, erklärt die Preisträgerin.

Als der Streit immer weiter eskaliert, unterstellt von Höveln das Gut Moisling und das zugehörige Dorf der dänischen Territorialhoheit, da die Juden in ganz Schleswig-Holstein unter dem Schutz des dänischen Königs stehen. Somit kann die freie Reichsstadt Lübeck sie nicht mehr gänzlich von ihrem Stadtgebiet fernhalten, da sie nun in ganz Schleswig-Holstein im Handel tätig werden können. „So war der Lübecker Rat trotz der weiter bestehenden antijüdischen Stimmung der Kaufmannschaft zu Kompromissen gezwungen, und zwar sowohl bezüglich der Zulassung der Juden nach Lübeck überhaupt als auch speziell bezüglich der Moislinger Juden“, schreibt Bernhard Brilling in seinem Aufsatz *Kleine Beiträge – Zur Geschichte der Juden in Lübeck und Moisling*. „Zumindest konnten die Moislinger Juden jetzt Einkäufe in Lübeck erledigen“, erläutert die Geschichtskundige, „und auch ein sogenannter Schutzjude konnte in Lübeck mit seiner Familie leben.“

Anfang des 18. Jahrhunderts geht das Gut Moisling in den Besitz der Familie Wedderkop über – und diese behandelt die jüdischen Mitbürger des Dorfes Moisling mit großem Wohlwollen. „Gesichert ist“, ergänzt die Lübeckerin, „dass es ab 1720 eine formelle jüdische Gemeinde in Moisling gab und diese bereits über einen Betraum, eine Schule und vermutlich auch über eine Mikwe – ein Bad zur rituellen Reinigung – verfügte, aber eben keine Synagoge.“ Und so setzt sich nun der oben genannte Diplomat an den Schreibtisch und bittet seinen Monarchen um die Erlaubnis zum Bau eines jüdischen Gotteshauses. „Die Antwort von König Friedrich IV. ist leider nicht überliefert“, bedauert Heidemarie Kugler-Weiemann, „aber da schon im nächsten Jahr mit dem Bau begonnen wurde, fiel diese wohl positiv aus.“ Diese erste Synagoge ist ein kleiner, einfacher Fachwerkbau mit

„Gesichert ist, dass es ab 1720 eine formelle jüdische Gemeinde in Moisling gab und diese bereits über einen Betraum, eine Schule und vermutlich auch über eine Mikwe – ein Bad zur rituellen Reinigung – verfügte, aber eben keine Synagoge.“

einer geringen Deckenhöhe, die der Diplomat Wedderkop den Gemeindemitgliedern zur Nutzung überlässt. „Miete in Höhe von 40 Reichstalern bezahlte die jüdische Gemeinde erst ab dem Jahr 1735 an den Gutsherrn", ergänzt Heidemarie Kugler-Weiemann.

Das Gut Moisling wird am 1. Mai 1762 verkauft, es geht in den Privatbesitz von vier Lübecker Ratsherren über, gehört aber weiterhin zum dänischen Staatsgebiet. Die Miete für den Fachwerkbau, der als Synagoge genutzt wird, erhöht sich um zwölf Reichsmark. Auch als Moisling am 3. Juni 1806 durch ein rund vier Jahre zuvor geschlossenes Abkommen zwischen Dänemark und der Hansestadt an der Trave zu Lübecker Staatsgebiet wird, ändert sich für die jüdische Gemeinde zunächst nicht viel. Nur die Miete der Synagoge steigt bis zu den 1820er-Jahren auf 60 Courantmark an, sie ist mittlerweile an die Lübecker Stadtkasse zu entrichten.

Auf dem Kupferstich von Christian Friedrich Fritzsch ist Mangus von Wedderkop dargestellt.

Das nunmehr fast hundert Jahre alte Gebäude bietet aber weder der zunehmenden Zahl an Gemeindemitgliedern genügend Platz, noch ist es in gutem Zustand. „Die Moislinger Juden beklagten das undichte Dach, durch die nicht mehr richtig schließenden Fenster und Türen herrschte ständiger Luftzug im Inneren", zählt die Lübeckerin die Beschwerden über den desolaten Bau auf. „Die Gemeinde ging schlicht und einfach davon aus, das alte Fachwerkhaus, das Gottfried von Wedderkop einst hatte errichten lassen, sei einsturzgefährdet." Der Lübecker Rat lässt zunächst einmal prüfen, ob eine Sanierung des Gebäudes möglich sei. Als jedoch das Gutachten des Stadtbaumeisters Heinrich Nikolaus Börm (1780-1831) vernichtend ausfällt, sind sämtliche

Instandsetzungspläne vom Tisch. Daraufhin bietet der Gemeindevorstand der Glaubensgemeinschaft an, zukünftig die Miete um 100 Courantmark zu erhöhen, sollte sich die Stadt Lübeck für einen Neubau der Synagoge entscheiden. Dieses Angebot findet Zustimmung, und schon am 9. Juli 1825 fasst der Lübecker Rat den Beschluss für einen Neubau, der von angemessener Größe und Gestalt sein sollte.

Ein Jahr später beginnen die Bauarbeiten in der Mitte des Dorfes Moisling in Nachbarschaft zum Dorfteich. Die Pläne zu dem freistehenden, repräsentativen Bau stammen aus der Feder des Stadtbaumeisters Börm. Zwei Jahre dauert es, bis der klassizistische Bau mit verputztem Ziegelmauerwerk fertiggestellt ist. „Weil die Stadt Lübeck die gesamten Baukosten übernahm, konnte die jüdische Gemeinde kaum an der architektonischen Gestaltung mitwirken, das Gebäude wirkte nach außen hin neutral", erzählt die Preisträgerin. Es gab keinerlei Schmuckelemente an der Außenfassade, die darauf hingedeutet hätten, dass es sich um eine Synagoge handelt.

Die Aufarbeitung der Geschichte der Juden liegt Heidemarie Kugler-Weiemann sehr am Herzen.

Noch einen weiteren Wermutstropfen gibt es für die Gemeinde, denn durch die gehobene Ausführung des neuen jüdischen Gotteshauses muss sie nicht, wie vorher veranschlagt, 160 Courantmark jährlich Miete zahlen, sondern diese erhöht sich nun auf 240. „Obendrein mussten sie nochmal dieselbe Summe für die Inneneinrichtung aufwenden", ergänzt Heidemarie Kugler-Weiemann. Unabhängig davon findet die feierliche Einweihung der neuen Moislinger

Synagoge am 10. August 1827 im Beisein vieler Gemeindemitglieder und Lübecker statt und die Thorarollen werden in den Neubau überführt.

Wohl mit einem lachenden und einem weinenden Auge geht es für die Moislinger Juden weiter: Nach und nach erhalten die Mitglieder der Glaubensgemeinschaft mehr Bürgerrechte. Als die Gemeindemitglieder um 1850 nicht mehr auf Moislingen als Wohnsitz beschränkt sind, sondern sich nun endlich auch frei in Lübeck ansiedeln dürfen, zieht es immer mehr Moislinger Juden direkt in die Hansestadt. Die schwindende Mitgliederzahl führt schließlich dazu, dass die Thorarollen 1872 aus der Moislinger Synagoge in die seit 1851 bestehende Synagoge in der Wahmstraße in Lübeck verlegt werden, wo die Gemeinde eine neue Heimat gefunden hat – die Moislinger Synagoge hat damit ausgedient.

Nachdem das Gebäude im Zentrum Moislings nicht mehr als Sakralbau genutzt wird, versucht die Stadt Lübeck zunächst, es zu verkaufen. „Da sich aber kein Interessent fand, wurde das Gebäude bereits im Folgejahr vollständig und restlos abgebrochen“, fasst Heidemarie Kugler-Weiemann das Ende der 1827 eingeweihten Synagoge in Moisling zusammen.

„Da sich aber kein Interessent fand, wurde das Gebäude bereits im Folgejahr vollständig und restlos abgebrochen.“

Melanie Kunze

Hier stand die Synagoge Moisling:

Der jüdische Sakralbau befand sich in der Dorfmitte Moislings am ehemaligen Dorfteich.

Idyll am Mühlenteich mit Museum und Dom, festgehalten auf einer Ansichtskarte aus dem Jahr 1878.

Museum am Dom

Ein weitgereistes Exponat

Als das am Mühlenteich gelegene „Museum am Dom" im Zweiten Weltkrieg in der Nacht vom 28. auf den 29. März 1942 durch einen Luftangriff fast vollständig zerstört wird, übersteht wie durch eine glückliche Fügung ein ganz spezielles Exponat – ein Gibeon-Meteorit – den Angriff. Dieses „außerirdische" Ausstellungsstück ist Material und ursprünglich Teil eines größeren Asteroiden mit einem Alter von über vier Milliarden Jahren. Aus dem Asteroidengürtel zwischen Mars und Jupiter kommend, traf der Himmelskörper nach einer zurückgelegten Strecke von über 180

Während sich das prachtvolle Gebäude des Museums nicht erhalten hat, beherbergen die neuen Räumlichkeiten heute das Museum für Natur und Umwelt.

Milliarden Kilometern als sogenannter „Meteoroid" auf die Erde. Beim Eintritt in die Erdatmosphäre zerbarst er, und jene Teile, die dabei nicht verglühten, schlugen auf der Oberfläche unseres Planeten ein. Die Bruchstücke fielen auf eine Fläche in einem Gebiet, wo sich heute die namibische Stadt Gibeon befindet. Nach ihr wurden sie „Gibeon-Meteoriten" benannt.

Im 19. Jahrhundert verfasst James Edward Alexander (1803-1885) die erste wissenschaftliche Beschreibung des sonderbaren Gesteins aus der weiten Wüstenlandschaft. Schnell wird klar: Die Steine stammen nicht von dieser Welt. Sie sind außergewöhnlich schwer und dicht, und ein Muster – das nur nach chemischer Behandlung für das Auge sichtbar wird – die „Widmanstätten"-Struktur, ist Beweis für deren nichtirdischen Ursprung. „Eines dieser Fragmente wurde auf Betreiben von Paul Theodor Range nach Lübeck geholt", erklärt Dr. Susanne Füting.

„Bereits in den vorangegangenen Jahrhunderten, bevor es das neugotische *Dom-Museum* gab", fährt sie fort, „haben Bürger und Bürgerinnen gesammelt und die Bestände zusammengeführt." Ein Grundstein für die späteren Ausstellungen und schließlich das heutige Lübecker Naturkundemuseum sind die Sammlungen von Johann Julius Walbaum (1724-1799), einem angesehenen Arzt und Naturforscher, der sich als Taxonom vor allem mit der Fischkunde beschäftigt. Doch Walbaum ist nicht nur vielseitig interessiert, sondern auch bemüht, das gesammelte Wissen zu teilen und die Menschen für Natur und Naturwissenschaften zu begeistern. Er wird Mitbegründer der noch heute existierenden Stiftung *Gesellschaft zur Beförderung gemeinnütziger Tätigkeit*. Nach seinem Tod überlassen Walbaums Nachkommen der Stiftung dessen Sammlung, woraus die „Kunst- und Naturaliensammlung" entsteht. Wie zu der Zeit üblich, gleicht die Präsentation der Exponate einer „Wunderkammer" – mit Artefakten und Naturalien. Aufmerksamkeit erregen vor allem exotische Objekte, seien es Pflanzen, Tiere oder Gesteine. Und der Bestand wächst stetig: Engagierte Bürger, Kaufleute, Kapitäne und andere Söhne und Töchter der Stadt sammeln und stiften Fundstücke aus „nah und fern", allesamt Belege der Erdgeschichte und von Flora und Fauna weltweit.

Das Museum am Dom passte sich dank seiner neugotischen Architektur auch optisch an den dahinter liegenden Dom an.

„Das Selbstverständnis in dieser Zeit, was das Sammeln und die Ausfuhr von Objekten betraf, war grundlegend anders als heute", erläutert die Wissenschaftlerin, die das Museum seit 2010 leitet. Natur-

und Kunstschätze anderer Länder und Völker waren während der Kolonialzeit mit großer Selbstverständlichkeit in die Heimatländer der Sammler, Forscher und Erkunder mitgenommen worden. Es war eine Zeit, die bis heute lange Schatten wirft und aufgearbeitet werden muss. Das betrifft auch die Geschichte der Museen.

Einer der beiden Gibeon-Meteoriten, die heute im Museum für Natur und Umwelt ausgestellt sind.

Doch die Objekte begeistern nicht nur das neugierige Publikum, sondern treiben auch die Forschung voran, insbesondere die Sammlung von Menschenaffen. „Seit den 1850er-Jahren entstand ein regelrechtes ‚Gorilla-Fieber', ausgehend von den Metropolen Paris, London und Wien", erklärt Dr. Füting. Später habe auch die Stadt Lübeck mit ihrer Sammlung die Aufmerksamkeit auf sich gezogen: Kaufmann Heinrich Brehmer (1832-1866) bringt von seiner Expedition nach Zentralafrika die Überreste mehrerer Gorillas mit. Nicht nur die Menschen in der Stadt sind begierig, die „Exotika" zu bestaunen, auch die Resonanz in der Wissenschaft ist groß.

Schließlich finden die Exponate der Sammlung dank des Vermächtnisses des Lübecker Kaufmanns Georg Blohm (1801-1878) im Jahr 1893 ein neues Zuhause: Auf 2.000 Quadratmetern werden im neugebauten „Museum am Dom" die Natursammlungen als eine von sechs Abteilungen ausgestellt. Der Bau imponiert nicht nur wegen der ausgestellten Schaustücke, sondern auch wegen seiner neugotischen Architektur. Doch seine Geschichte endet 1942 mit dem Bombenangriff in der Nacht vor Palmarum, als der Bau – und damit beinahe alle Objekte im Museum am Dom – zerstört wird. Objekte aus der Erdgeschichte und verschiedenen Regionen der Welt, entstanden in unvorstellbar langen Zeiträumen als Resultat einer Entwicklung, die Millionen von Jahre andauerte: unwiederbringlich verloren. Selbst die Bestandsbücher und Inventarlisten werden zerstört. Anhand verschiedener Abschriften kann zwar ein Großteil des ehemaligen Bestandes rekonstruiert werden. „Bisher fehlen uns jedoch noch immer Fotografien der Säle, in denen die Exponate ausgestellt wurden. Es gibt zwar Ausstellungsführer, die angeben, wo welches Objekt gestanden hat, aber keine Bilder davon", bedauert die Museumsleiterin. Vielleicht, so hofft sie, gebe es ja Aufnahmen im Privatbesitz, die Aufschluss geben könnten.

Dr. Susanne Füting ist als Museumsleiterin des Museums für Natur und Umwelt mit der Geschichte des Vorgängerbaus vertraut.

Nur dank eines glücklichen Zufalls hat sich der große Gibeon-Meteorit erhalten: Der ehemalige Hausmeister findet diesen in den Trümmern des Museums. Auch ein weiteres, kleineres Exemplar übersteht den Schaden. Das steinerne Treppenhaus, in dem die beiden Gibeon-Meteoriten ausgestellt waren, hatte sie vor der Zerstörung bewahrt. Ausgehend von diesen beiden Meteoriten und weiteren geborgenen Resten der alten Sammlungen werden wieder neue Sammlungen aufgebaut, nun mit dem Fokus auf die Region. Später folgt der Neubau des Museums, das 1963 eröffnet: „Es war das erste Naturkundemuseum, das in der jungen Bundesrepublik aufgebaut wurde", merkt die Biologin an. Somit setzt sich die Geschichte des Lübecker Naturkundemuseums bis zum heutigen „Museum für Natur und Umwelt" am früheren Ort weiter fort.

„Der Fokus liegt heute auf Erdgeschichte, Biodiversität und den Zukunftsfragen. Dies wird anhand von Objekten und Beispielen aus der Stadt und der weiteren Umgebung vorgestellt“, erklärt Susanne Füting, „das, was uns lokal beschäftigt, und unser Handeln hat vielfach globale Auswirkungen.“ Das Museum für Natur und Umwelt informiert über unsere Um- und Mitwelt. Es vermittelt aktuelle Themen – vom Klimawandel bis zum Erhalt der Artenvielfalt. Es geht darum, große Zusammenhänge zu verstehen und die Natur zu schätzen und zu lieben.“

„Der Fokus liegt heute auf Erdgeschichte, Biodiversität und den Zukunftsfragen.“

Erstaunliche Objekte wie die Gibeon-Meteoriten geben einen Begriff von den Weiten des Alls, berichten von enormen Zeiträumen und verdeutlichen uns, dass wir Teil der Natur und des großen Ganzen sind. Schön ist, dass sie erhalten blieben und wieder in der Ausstellung entdeckt werden können.

Annika Stahl

Hier war einst das Museum am Dom:

Der neugotische Prachtbau stand direkt am Dom zu Lübeck, wo sich heute das „Museum für Natur und Umwelt“ befindet.

Stolz prangt der Heilige Olaf auf der Fassade des Versammlungshauses der Bergenfahrer und wacht über ihre Geschicke.

Großer Lobben

Heimat der Bergenfahrer

Im Jahr 1889 muss der „Große Lobben" in der Breiten Straße weichen – und mit ihm die letzte Versammlungsstätte der Bergenfahrer, jener Lübecker Kaufleute, die für den Handel mit Norwegen maßgeblich waren und den Schütting – das mehrstöckige Gebäude mit der Hausnummer 67 – für rund drei Jahrhunderte genutzt hatten.

Die ersten Spuren einer Handelsbeziehung zwischen Norwegen und den Lübecker Kaufleuten finden sich bereits Mitte des 13. Jahrhunderts. In einem Schreiben aus dem Jahr 1248 bittet Håkon Håkonsson (1204-1263), ab 1217 König von Norwegen, die Hansestadt um

Aus dem Treffpunkt rauer Seeleute und stolzer Lübecker Kaufleute ist heute eine Bekleidungsgeschäft geworden.

Lieferung von Getreide, Mehl und Malz. Lübeck verhandelt ab 1250 meist federführend mit Norwegen, um für alle deutschen Kaufleute Handelsprivilegien zu erlangen. Dies führt 1278 – zur Freude der Kaufmannschaft der Hansestadt – zu weitreichenden Privilegien für die Lübecker. Magnus VI. von Norwegen (1238-1280), seit 1263 König, gewährt den Lübecker „Bergenfahrern“ – so nennt man die Kaufleute der Hansestädte, die ihren Norwegenhandel über den Hafen in Bergen über das „Kontor Bryggen“ abwickeln – nicht nur das Handelsrecht, sondern auch die Befreiung von Teilen der norwegischen Gerichtsbarkeit sowie vom Strandrecht, nach dem die Ladung gestrandeter Schiffe dem Finder (und nicht mehr dem Händler) gehört hatte. 1294 erhalten die Lübecker zudem das Recht zum Verkauf eingeführter Waren in Häfen des Königreichs Norwegen südlich von Bergen. Als in Norwegen Mitte des 14. Jahrhunderts die Pest wütet und die Bevölkerung nur dank der Getreidelieferungen aus den wendischen Städten – Lübeck und Stralsund – versorgt werden kann, festigt sich deren Position.

Das genaue Gründungsdatum der Lübecker Kompanie der Bergenfahrer lässt sich nicht ermitteln. Nur ein Eintrag des Bergenfahrer-Sekretärs Christian von Geren aus dem Jahr 1469 gibt einen Hinweis, denn laut seinen Aufzeichnungen gründeten die Bergenfahrer ihr Versammlungshaus – den Schütting – 1380 in der Mengstraße. Für die Mitglieder gibt es viel zu tun – sie müssen den Ablauf des Warenaustauschs mit dem Kontor in Bergen organisieren. Da die Lübecker Kaufleute hierbei Geschick beweisen, gelingt es ihnen, auch das Kontor aller Bergenfahrer in der norwegischen Stadt überwiegend zu kontrollieren. Bevor sie ihre Versammlungsstätte in die Breite Straße verlegen, nutzen sie von 1424 bis 1549 ein Gebäude in der Beckergrube 64.

Die Kaufleute verwenden die Räumlichkeiten nicht nur, um sich dort zu treffen: Auch Rechtsangelegenheiten werden hier geklärt, wie an einem 1499 protokollierten Fall deutlich wird. In Band 70 (1990) der *Zeitschrift des Vereins für Lübeckische Geschichte und Altertumskunde* steht dazu: „Ein Schiffer verklagte zusammen mit seinen Reedern seine vier Befrachter auf Zahlung der Fracht. Der Schiffer sollte nach Bergen fahren, war aber, da sein Schiff durch einen Sturm stark beschädigt worden war, wieder nach Lübeck zurückgekehrt und hatte den Befrachtern ihre Güter wieder übergeben." Doch die sogenannten Befrachter widersprechen der Forderung des Schiffers, da sie mit ihm „und seinen Reedern im Bergenfahrerschütting eine Vereinbarung („eyndracht") geschlossen hätten, daß der Schiffer sein Schiff reparieren lassen und die Güter wieder einladen und nach Bergen fahren sollte." Da sich herausstellt, dass das Schiff nicht mehr repariert werden kann, müssen die Befrachter nach der Urteilsfindung zumindest die Hälfte der Frachtkosten bezahlen.

Aber nicht nur im fernen Norwegen können die Lübecker Bergenfahrer ihren Einfluss zunehmend geltend machen, die Mitgliedschaft erweist sich auch als Sprungbrett für den sozialen Aufstieg. Zwar sind sie nicht so hoch angesehen wie die Mitglieder der Zirkelgesellschaft, die die meisten Ratsherren und Bürgermeister der Hansestadt stellt. Da die Bergenfahrer jedoch über hervorragende Kenntnisse der Navigation in den Gewässern der Ostsee verfügen, stellen sie gemeinsam mit den Schonenfahrern die meisten Flottenführer bei kriegerischen Auseinandersetzungen. Und dem ein oder anderen Bergenfahrer gelingt es so auch, in den elitären Kreis der Zirkelgesellschaft aufzusteigen.

Nach dem Umzug der Bergenfahrer in die Breite Straße 67 – in den „Großen Lobben" – im Jahr 1557 schmücken sie Ende des 16. Jahrhunderts die Giebelfassade des mehrstöckigen Gebäudes mit einer „Statute des heiligen König Olav, des Schutzpatrons der Compagnie". Anton Hagedorn beschreibt diese Statue 1883/84 in seinem Aufsatz *Ein Bild des heiligen Olav*: „Sie zeigt den König in ritterlicher Tracht mit der Krone auf dem Haupte in zwei Drittel Lebensgröße. In der Rechten hält derselbe einen Kelch, in der Linken eine Hellebarde, mit dem Fuße zertritt er eine Drachengestalt mit einem gekrönten Menschenkopfe, welche ihn selbst in seiner Jugendzeit, in welcher er noch dem Heidenthume anhing, darstellen soll."

Nach dem Bürgerrezess von 1669, der ersten schriftlich niedergelegten Verfassung der Hansestadt, bestimmen die Bergenfahrer gemeinsam mit den anderen bürgerlichen Korporationen bis zur Verfassungsreform von 1848 die Zusammensetzung des Senats und der Bürgerschaft. Doch während zur Hochphase sechs Ältermänner die Lübecker Bergenfahrer führen, genügen im 16. Jahrhundert drei und im 19. Jahrhundert dann sogar nur zwei.

Schließlich wird der Große Lobben 1807 verkauft – die Versammlungen finden danach in den Wohnhäusern der jeweiligen Ältermänner statt, die sich auch dazu verpflichten, dort die Akten und Unterlagen der Bergenfahrer zu lagern. 1853 gehen die Bergenfahrer wie auch die anderen Kaufleutekorporationen in der „Kaufmannschaft zu Lübeck" auf. Knapp 40 Jahre nach dem Ende der Bergenfahrer muss ihre letzte Heimat – der Große Lobben – Platz für ein neues Wohn- und Geschäftshaus machen.

Melanie Kunze

Hier stand der Große Lobben:

Das Versammlungshaus der Bergenfahrer – der Schütting – war in der Breiten Straße 67 beheimatet.

Die an der Fassade angebrachte Jahreszahl „1587" deutet das Alter des Bürgerhauses an, das Johann Wilhelm Cordes als Aquarell festgehalten hat.

Cordes' Elternhaus

Heim eines lange vergessenen Künstlers

Ein prächtiges Portal zierte einst das dreigeschossige Giebelhaus aus der Renaissancezeit, das vor 1587 erbaut worden war. Doch sowohl der pittoreske Eingang in der backsteinernen Fassade als auch der fünffach gestufte Treppengiebel sind verschwunden. Heute umhüllt den Bau, in dessen Erdgeschoss sich ein Pub befindet, ein spätklassizistisches Gewand. Dass jedoch bekannt ist, wie das Bürgerhaus früher einmal ausgesehen hat, ist einem Maler des 19. Jahrhunderts zu verdanken: dem Lübecker Johann Wilhelm Cordes (1824-1869). Und für ihn ist das Gebäude mehr als

Wer heute im Pub in der Mengstraße einkehrt, weiß vermutlich nicht, wer einst in dem Gebäude gelebt hat.

nur ein Motiv: „In dem Haus haben Cordes' Eltern gelebt", erklärt Alexander Bastek, „sein Vater – ein Kaufmann – nutzte es zusätzlich als Sitz für sein Geschäft." Während der älteste Sohn des Kaufmanns, Jochim Emil, einmal ein angesehener Arzt werden sollte, schlägt Johann Wilhelm eine andere Laufbahn ein. Er verlässt Lübeck 1843, um an der Prager Kunstakademie zu studieren. Dass der junge Cordes nicht in die Fußstapfen seines Vaters tritt oder sich wie sein Bruder der Medizin widmet, stellt heute einen besonderen Glücksfall dar – für die Kunst und die Stadt Lübeck.

Durch sein Schaffen als Maler hinterlässt Johann Wilhelm Cordes nicht nur stimmungsvolle Kunstwerke, sondern hat auch Ansichten des einstigen Lübecker Stadtbildes festgehalten. Mehr noch, in seinen Werken bewahrt er buchstäblich „verschwundene Orte". „Die Frontseite seines Elternhauses zierte bereits ab der zweiten Hälfte des 19. Jahrhunderts eine neue Fassade, also wenige Jahre, nachdem er das Bild gemalt hatte." Ein bestimmtes Werk zeige diese Entwicklung sogar noch deutlicher, ergänzt Alexander Bastek. Der Leiter des Museums „Behnhaus Drägerhaus", das Kunst des 19. Jahrhunderts und der klassischen Moderne beherbergt – darunter auch viele Werke des Künstlers Cordes –, führt seine Anmerkung aus: „Es gibt ein Aquarell, das ein Liebespaar an der Dompforte zu Lübeck zeigt. Das Werk stammt aus dem Jahr 1850, was das Bild besonders macht, denn zu dieser Zeit existierte das einstige Kirchendienerhaus, vor dem das Liebespaar sitzt, nicht mehr – wenige Jahre zuvor wurde es abgebrochen." Wie Cordes dennoch diesen „verschwundenen Ort" malen konnte, dazu hat der Museumsleiter zwei Theorien: „Entweder hat er das Bild anhand von eigenen älteren Skizzen gemalt. Oder er kannte die 1838 entstandene Federzeichnung von Carl Julius Milde, die dieser später für seine Radierung *Nachtwächter* in seinem *Lübecker ABC* nutzte." In Details unterscheidet sich das Motiv allerdings, weswegen der Museumsleiter davon ausgeht, der Lübecker Maler habe zuvor selbst eine Skizze angefertigt. Neben der Dompforte malt Cordes auch andere Orte in der Stadt, zum Beispiel die Puppenbrücke, oder Ansichten von Lübeck aus einiger Entfernung mit dem Schwerpunkt auf der umgebenden Landschaft.

Aus kunsthistorischer Sicht sei Cordes aus mehreren Gründen interessant, fährt Alexander Bastek fort. „Cordes hat nur wenige fertige Gemälde hinterlassen. Es gibt vielleicht 50 bis 60 vollendete Werke." Das ist auch der Grund, wieso er seinerzeit kaum Beachtung findet: Er fertigt zahlreiche Studien und Skizzen als Motivrepertoire zu Gemälden, von denen er dann letztlich nur wenige malt. Vielleicht ein Symptom seiner Rastlosigkeit, denn Cordes ist ständig auf Reisen, stets auf der Suche nach Motiven für seine Studien. Was aus heutiger Sicht besonders reizvoll erscheint, ist damals ein Problem. „Im 19. Jahrhundert waren salonfähige, großformatige Gemälde gewünscht. Um als Künstler erfolgreich zu sein, musste man solche ‚Hauptwerke' anfertigen", erklärt der Kunsthistoriker. „Stattdessen hat Cordes über 1.000 Studien in Aquarell, Bleistift und Öl angefertigt, – seien es anatomische Studien, Wolkenstudien oder Baumstudien." Für sein weitbekanntes

„Cordes hat nur wenige fertige Gemälde hinterlassen. Es gibt vielleicht 50 bis 60 vollendete Werke."

Werk *Der wilde Jäger* für einen Wettbewerb in Berlin habe er allein über 100 Studien von Pferdeköpfen angefertigt. Zwar wird Johann Wilhelm bereits zu seiner Lebenszeit für einige seiner Gemälde geehrt, doch bald nach seinem Tod gerät er in Vergessenheit.

„Das Skizzenhafte und die Darstellung des Flüchtigen, wie der Schnappschuss einer Landschaft, die sich mit jeder Sekunde ändert", erklärt der Kunsthistoriker, „ist heute hingegen aktuell." Dass Cordes allerdings weitaus weniger bekannt ist als seine Zeitgenossen, wie Caspar David Friedrich (1774-1840) oder Edvard Munch (1863-1944), von denen die Galerie ebenfalls Gemälde besitzt und ausstellt, liegt vermutlich an der Tatsache, dass Cordes' Werke nicht verstreut zu finden sind: Heute befinden sich dessen Werke fast ausschließlich im Museum „Behnhaus Drägerhaus". Denn nach dem frühen Tod des Malers gelangen diese in den Besitz seines Bruders Emil, der seinen Nachlass dem Lübecker Senat überlässt, wodurch die Gemälde später ihren Weg ins Museum finden. Doch Alexander Bastek ist darum bemüht, dass der Maler zunehmend Beachtung findet: Die Werke sind nicht nur Teil der lokalen Dauerausstellung, sondern werden auch in Sonderausstellungen in Kooperationen mit anderen Museen präsentiert.

Wenn auch Cordes nicht viel Zeit in Lübeck verbracht hat, der Maler ist für die Stadt bedeutend. Hat er doch in seinen Gemälden festgehalten, was heute lange verloren ist: Sei es die Dompforte mit dem Kirchendienerhaus, die alte Form der Puppenbrücke oder Cordes' Elternhaus, das Gebäude in der Mengstraße 4, dessen backsteinerne Fassade einst ein prächtiges Steinportal und hohe Treppengiebel zierten.

Annika Stahl

Hier befand sich Cordes' Elternhaus:

Das Gebäude steht noch heute in der Mengstraße 42, doch von der Renaissance-Fassade hat sich nichts erhalten.

Die Aufnahme von 1999 zeigt die Schiffshallen der Flender-Werft und die Helling, das Gerüst zum Bau des Schiffkörpers.

Flender-Werft

12.000 Tonnen auf der Helling

„Ich habe jedes Mal einen Kloß im Hals“, erklärt Ole Wolfram, „wenn ich am Gelände der ehemaligen Flender-Werft vorbeifahre.“ Zu sehen sei davon nicht mehr viel, nachdem die Reederei Lehmann 2004 das Areal aufgekauft und umgebaut habe: Ein Gebäude mit Turmuhr, eine alte Bushaltestelle, ein verblichenes Schild – viel mehr existiert nicht mehr. Was jedoch bleibt, sind die Erinnerungen an das einst riesige Werk an der Trave. Als Industriemechaniker, der in der Werft gearbeitet hat, erinnert sich Ole Wolfram an die Zeit dort. Und diese sei, merkt er an, besonders gewesen – und hart.

Die Reederei Lehmann hat 2004 das Areal der Flender-Werft aufgekauft und umgebaut.

„Die Tage auf der Werft waren lang und anstrengend: 10- bis 12-Stunden-Tage gab es immer wieder", erklärt er. „Schließlich hat das Werk eine Deadline – und die muss eingehalten werden. Sonst drohen massive Geldstrafen. Und für Probefahrten ist man schon mal mehrere Wochen am Stück weg. Da sieht man seine Kollegen öfter als die eigene Familie." Aber jeder wisse auch, was der andere geleistet hat, fügt er hinzu. Er ist stolz, dass er beim Schiffsbau in der Flender-Werft mitgewirkt hat – und diese hat schließlich einige Superlative vorzuweisen: Bereits 1926 wird in der Werft das größte Schiff unter deutscher Flagge gebaut, die „Leverkusen".

„Die Tage auf der Werft waren lang und anstrengend: 10- bis 12-Stunden-Tage gab es immer wieder."

Das Werk ist lange Zeit ein großer Arbeitgeber in der Region und wirtschaftliches Standbein der Hansestadt. Die Anfänge der Industrialisierung reichen hier bis in die 1880er-Jahre zurück, schildert Rainer

Wiedemann den Hintergrund der Werft in seinem Buch *Der lange Abschied von Flender*: Mit dem Bau der Wasserstraße Elbe-Trave-Kanal – heute Elbe-Lübeck-Kanal – kommt großer Aufschwung in die Region, weswegen die „Flender AG" bei Düsseldorf ihre Abteilung für Dockbau 1917 nach Lübeck verlegt. In den nachfolgenden Jahren wird der Betrieb zur Schiffswerft ausgebaut, versehen mit allen notwendigen Einrichtungen für jeden Arbeitsschritt beim Schiffsbau.

1970 versammelten sich die Werftarbeiter vor dem Direktionsgebäude zum Warnstreik.

Und so sah der Arbeitsablauf aus: „Die Platten werden zunächst zur Werft gebracht, wo sie in den Schiffsbauhallen zugeschnitten und danach in Walzen und Pressen verformt werden", erklärt Ole Wolfram, der heute auf einer Werft in Flensburg arbeitet. Das sei vor allem für den Bug notwendig, für den die bis zu 5 Meter langen Teilstücke in eine gebogene Form gebracht werden müssten. „Mit Hilfe einer Schablone wurde dann geprüft, ob das Stück die von der Konstruktion vorgegebene Wölbung besitzt", fährt der gebürtige Travemünder fort. „Danach folgen die einzelnen Stationen: Die Teilstücke werden miteinander verschweißt, sodass daraus Sektionen entstehen." Diese würden dann in die Helling – ein Gerüst zum Bau der Fähre – gesetzt und wiederum miteinander verbunden. „Am Ende werden dann die separat gekauften Maschinen wie bei einem Baukastensystem verbaut." Die Fähre aber, betont der Mechaniker, werde von Anfang bis Ende in der Werft gebaut: von den Platten bis zum fertigen Korpus. Er selbst habe Aggregate, Pumpen und andere Maschinen verbaut, die mithilfe von Kränen und Luftkettenzügen an Bord gebracht worden waren.

Nachdem der Betrieb von 1918 bis 1921 zur Schiffswerft ausgebaut worden war, so schildert Autor Rainer Wiedemann, übersteht die Firma die Inflation, erlebt einen Aufschwung während des Zweiten Weltkriegs durch den Bau von U-Booten und wird nach Kriegsende von einer Kompanie englischer Soldaten genutzt. In der Nachkriegszeit erholt sich das Werk, liefert in den 1960er-Jahren Frachter sowie Autotransporter. In den 70er-Jahren folgt schließlich der Durchbruch in der Containerschifffahrt wie mit dem damals größten Schiff *Stuttgart Express* und mit Auto- und Fahrgastschiffen wie der *Tor Britannia*, die eine Geschwindigkeit von 27 Knoten erreicht und noch heute unter dem Namen *Moby Drea* im Mittelmeer unterwegs ist.

Der direkte Vergleich zeigt, welche Gebäudeteile noch heute zu sehen sind.

Einige Jahre später, im Jahr 1988, beginnt Ole Wolfram schließlich seine Ausbildung in der „Flender-Werft AG", wie der Betrieb seit 1973 heißt. „Während der 90er-Jahre baute die Werft sogenannte Ro-Ro-Fähren", erklärt er. „Bei diesem Schiffstyp können Fahrzeuge, insbesondere Lastkraftwagen, einfach auf- und wieder abfahren." Quasi „Roll-on, Roll-off". Generell habe sich die Werft auf den zivilen Schiffsbau fokussiert: „Das war letztendlich das Problem. Denn bereits in 1990er-Jahren haben Länder in Südostasien angefangen, den Preis zu drücken. Dort konnten sie die Schiffe viel günstiger fertigen, vor allem die Bautypen, die aus einfachen Arbeiten bestanden und quasi ‚nur' zusammengeschweißt werden mussten – wie Containerschiffe. Das heißt, europäische Werften konnten nur überleben, wenn sie am Marinebau beteiligt waren oder Spezialschiffe fertigten, an die hohe Anforderungen gestellt wurden." Der Druck, günstig und schnell

Schiffe zu bauen, führt schließlich dazu, dass sich die Flender-Werft übernimmt.

Im Jahr 2000 beginnt der Anfang vom Ende, als die Werft Aufträge zum Bau zweier Passagierfähren für die griechische Reederei „Superfast Ferries Maritime S.A., Piräus" übernimmt. Zwar werden die Schiffskörper gebaut und zu Wasser gelassen, doch weit unter dem Selbstkostenpreis. Daraufhin erklärt der damalige Vorstandschef Dirk Rathjens, dass das entstandene Defizit Umstrukturierungen erfordere. Heißt: Es sollen keine Containerfrachter und Fähren mehr gebaut werden, sondern, um eine Marktnische zu füllen, kleinere Schiffe. Heißt aber auch: Entlassung von Fachkräften. Doch der Bau der beiden *Superfast XI und Superfast XII* holt die Werft trotzdem ein: Die Fährschiffe werden nicht rechtzeitig geliefert, es folgt eine enorme Strafe, die Reserven sind jedoch bereits aufgebraucht und Verbindlichkeiten können nicht beglichen werden. Am 4. Juni 2002 wird der Antrag für das Insolvenzverfahren gestellt und 800 Mitarbeitern droht eine Entlassung, darunter auch Ole Wolfram. Die Rettungsversuche des Insolvenzverwalters scheitern aber auch: Die Werft kann keine neuen Aufträge an Land ziehen. Nun muss die Flender-Werft AG ihre Pforten für immer schließen. Immerhin, die Werftarbeiter können weitervermittelt werden, so auch Ole Wolfram.

Ole Wolfram ist heute auf einer Werft in Flensburg beschäftigt, hat aber viele Jahre in Lübeck für die Flender-Werft gearbeitet.

Jedes Mal, wenn der gebürtige Travemünder zu Besuch in seiner Heimat ist, macht er einen Abstecher zum alten Werftgelände. Doch nicht nur Wehmut überkommt ihn dort, sondern auch schöne Erinnerungen. Besonders hat sich ihm das Zu-Wasser-Lassen der Schiffe eingeprägt: „Nachdem das Schiff auf der Helling fertiggestellt wurde, war es bereit für den Stapellauf, bei dem es auf dem Helgenschlitten ins Wasser rutschte", erklärt er. Denn anders als bei Werften, bei denen das Dock geflutet wird, rutschen beim Stapellauf die Schiffe zu Wasser. Ein Ereignis, das stets ein großes Publikum anlockte. „Es war immer ein Highlight, wenn 12.000 Tonnen zu Wasser gelassen wurden! Jedes Mal", fährt er fort, „habe ich eine Gänsehaut gehabt."

„Es war immer ein Highlight, wenn 12.000 Tonnen zu Wasser gelassen wurden! Jedes Mal habe ich eine Gänsehaut gehabt."

Annika Stahl

Hier stand die Flender-Werft:

Das Werftgelände befand sich zwischen der Seelandstraße und der Trave im Stadtteil Herrenwyk und gehört heute der Reederei Lehmann.

Nach dem Unterrichtsende nutzten die älteren Schüler gerne den Pockenhof zur Entspannung – und auch das eine oder andere Bier wurde dabei getrunken.

Pockenhof

Krankheit oder Kröte?

Mit gerunzelter Stirn sitzen die Schülerinnen und Schüler über ihren Aufgaben: In der Dorothea-Schlözer-Schule am Jerusalemsberg im Stadtteil St. Gertrud, dem beruflichen Gymnasium mit den Fachrichtungen Gesundheit und Soziales, Ernährung und Erziehungswissenschaft wird seit den 1970er-Jahren fleißig gelernt. „Bevor das Schulgebäude errichtet wurde, trieben sich dort auch schon Schüler herum“, verrät Olaf Pokorny, „allerdings weniger zum Lernen, sondern eher zum Feiern und Debattieren.“ Der Fotograf und Autor der *Backsteingeschichten* – ein historischer Blog, der sich den Gängen und Höfen der

Statt sich im Schatten der Kastanienbäume zu erholen, drehen die Schüler jetzt ihre Sportrunden auf dem Areal.

Hansestadt Lübeck widmet – stieß bei seinen Recherchen auf das „Lokal Pockenhof“ der Familie Lüdemann, das dort stand, ehe die Schule gebaut wurde: „Dort kamen zwei Schülerverbindungen des Katharineums zu Lübeck zu ihren regelmäßigen Treffen zusammen.“

Bernhard Eschenburg beschreibt in seinem Aufsatz *Die Coniunctio fratrum Lubencensium (der Fechtclub) in Lübeck 1844 bis 1904* den Gastronomiebetrieb: „Die Lüdemannsche Wirtschaft am Burgfeld [war], unter alten schattigen Bäumen gelegen und in ihrer alten, jetzt völlig verbauten Gestalt reizvoll gemütlich und durch ihre Abgelegenheit gerade für Schülerkneipen besonders geeignet.“ Als vorteilhaft erweist sich für die Schüler, dass „ihnen hier ein eigenes Zimmer zur Verfügung gestellt wurde, dessen Inneneinrichtung durch Anschaffungen und Schenkungen Alter Herren allmählich immer vollständiger wurde“. Neben Wappen, Fahnen, Bildern von Mitgliedern und sonstigen Darstellungen gibt es dort große Eichentische, die Anfang des neuen Jahrhunderts noch durch gestiftete Stühle aus Eiche ergänzt wurden. „Auch eine Kegelbahn war vorhanden, und da es hier wahrscheinlich oftmals hoch herging, so ward den Pächtern wiederholt vertraglich auferlegt, wiederherzustellen, was beim Kegelschieben an Gelind, Tisch und Bänken beschädigt wird“, schreibt Bernhard Eschenburg in seinem Aufsatz über den Pockenhof. „Auch ansonsten wirkte der Gasthof sehr einladend“, berichtet Olaf Pokorny über das zweistöckige Gebäude mit großer Terrasse und Gartenwirtschaft. „Damals glaubte man, der Name der Wirtschaft ginge auf einen alten Hof zurück, den Poggenhof – auf Niederdeutsch bedeutet *Poggen* nichts anderes als Kröten.“

Der Fotograf hat noch eine weitere Erklärung für den ungewöhnlichen Namen des Gastronomiebetriebs – der hat mit den Besitzern des Areals ab dem 16. Jahrhundert zu tun. Doch dazu muss der Lübeck-Kenner ein bisschen ausholen: „Anfang des 15. Jahrhunderts wurde das St. Gertruden-Pocken- und Armenhaus errichtet. Dabei handelte es sich um eine Lübecker Stiftung alten Rechts.“ Diese erwarb 1567 einen Hof am Jerusalemsberg, der zunächst als Sommersitz genutzt wurde. Nachdem die Stiftung mithilfe von weiteren Ländereien den Pockenhof vergrößert hatte, verpachtete sie diesen bis auf den Vorstehergarten, auf dem sich ein kleines Haus befand. „Mitte des 17. Jahrhunderts erhielt das Gehöft die Schankgerechtigkeit, die dem Pächter zusehends das wirtschaftliche Überleben sicherte“, berichtet Olaf Pokorny. Eine Verpachtung des Areals ist ab dem Jahr 1697 nachweisbar.

Im 19. Jahrhundert übernimmt der Pächter Niese den Hof und wendet sich 1818 mit der Forderung an die Vorstandschaft der Stiftung, die mittlerweile baufälligen Gebäude neu zu errichten oder aber ihm den Hof zu verkaufen oder ihm diesen in Erbpacht zu überlassen. „Da die Auflösung der Stiftung bevorstand, willigten sie in den Verkauf ein. Auch der Vorstehergarten, den sie bis jetzt noch selbst genutzt hatten, sollte mitverkauft werden“, erklärt der Blogger der *Backsteingeschichten*. Doch Niese hat seine wirtschaftlichen Möglichkeiten überschätzt und muss den Hof an seine Frau weiterveräußern, die in den 1820er-Jahren auch für den Neubau des Pockenhofs sorgt. Der Gastronomiebetrieb wird mehrfach veräußert, ehe ihn die eingangs erwähnte Familie Lüdemann kauft. Als jedoch das Familienoberhaupt

1882 früh verstirbt, übernimmt dessen Witwe Catharina Lüdemann die Leitung des Gasthofs.

Das Ende als Gastronomiebetrieb kommt noch vor der Jahrhundertwende: Als sich die Spieler des heutigen KSV Holstein und eine Auswahl von Lübecker Spielern am 7. Oktober 1900 zu einem Fußballspiel treffen, spielen sie bereits auf der Wiese vor dem ehemaligen Lübecker Gasthof Pockenhof. Der *Lübecker General-Anzeiger* berichtet über das erste Fußballspiel der Kieler: „Das Spiel war äußerst interessant, denn beide Mannschaften spielten sehr gut und zeigten sich gewachsen. Es siegte nach schwerem Spiel Kiel mit 1:0." Doch die Lübecker erweisen sich als gute Verlierer, denn „abends hatte der Verein ein Mitgliederfest bei Herrn Cornelius im Pockenhof, welches sehr zahlreich besucht wurde. Die Kieler waren Gäste und dieselben gaben beim Scheiden laut Ausdruck über den so schönen Empfang und Verlauf."

„Damit verschwanden auch die Gebäude, die einst Thomas Mann als Sekundaner auf ein erfrischendes Getränk in seiner Schulzeit besucht hatte."

Die Gebäude, die die Witwe Niese im 19. Jahrhundert hatte errichten lassen, werden bis zum Abriss 1965 von der Stadtverwaltung genutzt. „Und damit", fasst Olaf Pokorny zusammen, „verschwanden auch die Gebäude, die einst Thomas Mann als Sekundaner auf ein erfrischendes Getränk in seiner Schulzeit besucht hatte."

Melanie Kunze

Hier war der Pockenhof:

Das Gasthaus stand am Jerusalemsberg 1 bis 3 im Lübecker Stadtteil St. Gertrud.

Die Räumlichkeiten des Waisenhauses verteilten sich in dem klassizistischen Bau auf drei Geschosse.

Waisenhaus

Blaue Jacken und rote Kleider

Durch die offenen Fenster fallen warme Sonnenstrahlen in den Raum", beschreibt Dr. Alexander Bastek das Gemälde, „man kann förmlich riechen, wie die Frühlingsluft rein weht!" Ob der Alltag der Mädchen und Jungen in der Einrichtung tatsächlich so farbenfroh und abwechslungsreich ausgesehen hat, wie es das 1894 angefertigte Kunstwerk *Lübecker Waisenhaus* von Gotthardt Kuehl (1850-1915) darstellt, ist allerdings fraglich. Tatsache ist hingegen, dass die soziale Institution für beinahe 400 Jahre Bestand hatte. Einst gegründet in der Mühlenstraße, besteht das Wai-

Wo sich früher das Waisenhaus befand, steht heute ein Gebäude, in dem sich eine Kindertagestätte befindet.

senhaus zuletzt in dem mit klassizistischer Fassade geschmückten Gebäude am Domkirchhof – einem verschwundenen Ort, an dessen Stelle heute neugebaute Räumlichkeiten Platz für eine Kindertagesstätte bieten.

„Anlass für die Gründung des Waisenhauses war eine Hungersnot im Jahr 1546, aus der viele elternlose Kinder hervorgegangen sind", erklärt der Leiter des Museums „Behnhaus Drägerhaus" und ergänzt: „Auf Initiative der Bevölkerung gründete der Rat der Stadt die Einrichtung, in der für die bedürftigen Mädchen und Jungen gesorgt werden sollte." Nachdem das Waisenhaus für einige Jahre in der Mühlenstraße angesiedelt war, verlegt es der Rat in die Gebäude des ehemaligen Michaeliskonvents in der St.-Annenstraße. Erst als mit der Säkularisation im Jahr 1803 das Domstift in den Besitz der Stadt gelangt, wird das Eckhaus am „Fegefeuer", wie die Straße gegenüber des Domkirchhofs heißt, zum Lübecker Waisenhaus umgebaut. Und die fünfachsige, klassizistisch gestaltete Schauseite des heute verschwundenen Ortes beeindruckte vor allem durch ihre Scheinarchitektur, wie zum Beispiel der von Flachsäulen gerahmte Eingang mit der darüberliegenden Blendbalustrade.

Das umgebaute Gebäude bietet nun auf drei Geschossen Platz für die Bedürfnisse der Waisenkinder: Im obersten Stockwerk befinden sich die Schlafräume, im mittleren Geschoss unter anderem die Wohnungen der Angestellten sowie die Krankenstuben. Im Erdgeschoss liegen, neben der Wohnung des Waisenvaters – Leiter des Hauses – die Küche und die Schulzimmer. Ein Saal bietet außerdem Platz für verschiedene Aktivitäten, sei es als Speiseraum oder zur Beschäftigung. Diesen Raum zeigt auch das Gemälde von Gotthard Kuehl, das im Museum dauerhaft ausgestellt ist: „Während im Vordergrund ein Mädchen liest und das andere Handarbeiten erledigt, spielen am Ende der langen Tafel die Jungen Schach. Die aufgehängte Werkzeugwand deutet an, dass sich die Kinder auch handwerklich betätigten, vielleicht sogar eine Ausbildung erlernten." Das wirklich Interessante spiele sich allerdings im Hintergrund ab, ergänzt der Museumsleiter: „Durch die offene Tür ist zu sehen, wie ein Junge auf den Dielenschrank klettert und ihn zu öffnen versucht. Für mich liest sich das wie eine Gegenüberstellung: Während im Vordergrund alle brav am Tisch sitzen, spielt sich im Hintergrund das Unerlaubte – das Spannende – ab."

Das Gemälde von Gotthardt Kuehl zeigt eine idyllische Momentaufnahme vom Saal des Waisenhauses.

Das Gemälde sei allerdings nicht nur wegen seiner Motive und farbenfrohen Gestaltung interessant, sondern auch, weil Kuehl das Bild so intensiv und dicht gestaltet habe: „Andere Künstler hätten aus dem Motiv drei Gemälde gemacht. Allein die beiden Mädchen im Vordergrund sind Einzelporträts. Oder der Blumenstrauß im Vordergrund, der für sich gesehen ein Stillleben darstellt." Doch so ganz entspreche die Darstellung sicherlich nicht der Realität, fügt er hinzu. „Es handelt sich vielmehr um eine idealisierte Vorstellung des Lübecker Künstlers. Im späten 19. Jahrhundert war es allerdings nicht ungewöhnlich, mit solchen Alltagsszenen im weitesten Sinne das Funktionieren des Staates oder der Gesellschaft darzustellen."

Eine Fotografie, entstanden vor der Aufgabe des Waisenhauses im Jahr 1929 und der Zerstörung des Gebäudes 1942, zeigt ein zu dem farbenfrohen Gemälde konträres Bild: Die Kinder sind ordentlich in Reih und Glied am Tisch versammelt. „Alle sitzen ganz brav aufgereiht. Keiner spielt im Hintergrund, kein Kind klettert die Schränke hoch. Doch das entspricht ebenfalls nicht der tatsächlichen Situation. Wahrscheinlich wurden die Kinder von dem Aufseher für das Foto in Position gebracht." Egal ob Fotografie oder Gemälde – es bleibt immer ein Abziehbild der Realität. Dennoch gebe es viele Details auf Kuehls Gemälde, die der Realität entsprächen, merkt Alexander Bastek an: „Die Knaben trugen blaue Jacken, die Mädchen rote Kleider mit blauer Schürze." Ob die Kleidung allerdings tatsächlich in so satten, von der Sonne beleuchteten Farben gestrahlt hat, ist wiederum fraglich …

Annika Stahl

Hier befand sich das Waisenhaus:

Das Gebäude stand gegenüber dem Dom an der Ecke zum Fegefeuer. Heute befindet sich dort eine Kindertagesstätte.

Das Gemälde des Malers Wilhelm Stöltzner veranschaulicht den imposanten Turmbau am Ufer der Trave.

Blauer Turm

Willkommen in Lübeck

Und dann tauchte der Blaue Turm auf am unteren Ende der Beckergrube, wo er wohnte. Am Bollwerk standen sein Weib und seine Gören und rissen sich schier die Arme aus mit Winken. Da sagte er: ‚Ist doch ein herrlicher Fluß, die Trave! Man fährt darauf von Spanien her schier bis an sein Bett.'" So endet die Anekdote in Carl Mildes (1803-1875) berühmtem *Lübecker ABC*, das erstmals im Jahr 1857 erschien. In der ersten Ausgabe präsentiert der in Lübeck tätige Maler verschiedene Orte der Hansestadt; in einer späteren werden die Bilder von kurzen Geschichten begleitet.

Anhand des weißen Gebäudes mit Treppengiebel kann die ehemalige Lage des Blauen Turms gut nachvollzogen werden.

In der Anekdote zu Mildes' Zeichnung des Blauen Turms bringt ein Seefahrer seine Hassliebe zu dem tückischen, aber wunderschönen Fluss zum Ausdruck, als er von einer langen Schiffsreise in die Heimat zurückkehrt. Angekommen in der engen Kurve der Trave, heißt ihn schließlich der Blaue Turm, an dessen Stelle sich heute eine Fußgängerbrücke befindet, in Lübeck willkommen. Denn dieser ist seinerzeit nicht zu übersehen: Mit einer Höhe von über 20 Metern begrüßt er freundlich Gesinnte in der Hansestadt. In seiner eigentlichen Funktion als Befestigungsanlage weist er hingegen Feinde der Stadt zurück.

„Schon Heinrich der Löwe befestigte Lübeck im 12. Jahrhundert mit einer Stadtmauer, die aber zunächst nur Teile der im Wachsen befindlichen Stadt umfasste", erklärt Doris Mührenberg. „Erst der dänische König Waldemar II. schuf als Stadtherr ab 1217 die einheitliche Stadtmauer, welche die drei Teile Dombezirk, *civitas* und Burg sowie auch die der Trave abgewonnenen Siedlungsareale umgab." Zu dieser Stadtmauer habe auch der 1452 errichtete „Blaue Turm" unterhalb der Beckergrube am Ufersaum der Trave gehört. „Er wurde angelegt zur Verteidigung des inneren Hafens und um den Schutz der am gegenüberliegenden Ufer liegenden Schiffswerften zu gewährleisten", fährt die Archäologin fort. „Da der Turm außerhalb der Stadtmauer direkt an der Trave geplant war, lag er im morastigen Uferbereich, was schon beim Bau zu großen Schwierigkeiten führte. 1460 verstärkten sie die Fundamente und zur Wasserseite wurde der Bau durch Feldsteine gestützt."

Die Zeichnung von Carl Julius Milde aus seinem „Lübecker ABC" zeigt den Blauen Turm vor seinem Abriss 1853.

Der Turm, der eine Grundfläche von etwa 100 Quadratmetern und eine Mauerdicke von über zwei Metern besaß, fiel vor allem durch seine Höhe ins Auge: „Mit seinen 22 Metern überragte er die benachbarten Gebäude", erklärt die Lübeckerin. Nach außen seien seine Mauern mit kleinen Fenstern und Scharten zwar schmucklos gestaltet, doch nicht so die Mauer zur Stadtseite, die durch spitzbogige Doppelfenster und Gesimse aus gotländischem Kalkstein gegliedert gewesen sei. An allen vier Seiten sei außerdem das Stadtwappen angebracht worden. „Markant waren die eisernen Haken, die an der Außenmauer befestigt waren", fährt die Archäologin fort. „Sie dienten zum Aufhängen von Säcken während eines Angriffs oder im Belagerungsfall. Da diese mit Wolle oder Sand gefüllt waren, dämpften sie die Einschüsse und Erschütterungen." Wie die anderen Türme der Stadt habe dieser außerdem als Wohnung für die Ratsdiener gedient und beherbergte eine Krugwirtschaft.

Der Blaue Turm wird im 18. Jahrhundert jedoch zunehmend baufällig. Im Zuge der Entfestigung der Stadt werden erste Befestigungstürme abgerissen, darunter auch der Hexenturm. Diesem soll der Blaue Turm – ursprünglich Beckergrubenturm genannt – seinen Namen zu verdanken haben: Denn nach Abbruch des Hexenturms 1794 sollen die blauen Ziegel von dessen Dach am Beckergrubenturm angebracht worden sein. Das könne aber nicht stimmen, gibt die Lübeckerin zu bedenken: „Die schriftlichen Quellen erwähnen den Turm schon im Jahre 1550 mit der Bezeichnung *Blauer Turm*. Zu dieser Zeit trug er ein Schieferdach, das Ende des 16. Jahrhunderts erneuert wurde. Vielleicht aber hat die bläuliche Schieferdeckung zu dem Namen geführt." Nach und nach werden auch andere Türme der Stadt abgebrochen. Schließlich – als letzter – auch der Blaue Turm im Jahr 1853. Mit dem Erscheinen von Carl Mildes *Lübecker ABC* wenige Jahre später zeigt der Künstler also ein Bauwerk, das seinerzeit bereits ein verschwundener Ort war. Doch so ganz verloren ist er nicht: Tatsächlich begrüßt der Turm noch heute Ankömmlinge in der Stadt, wie einst den Seefahrer bei seiner Rückkehr. Allerdings in kleinerer Version und erst auf den zweiten Blick: Denn dort, wo der Bau einst stand, befindet sich heute ein Schaukasten mit einem detailgetreuen Modell des Blauen Turms.

Annika Stahl

Hier stand der Blaue Turm:

Der Befestigungsturm lag direkt am Ufer der Trave am Ende der Beckergrube, wo heute eine Brücke über den Fluss führt. Am ehemaligen Standort des Turms zeigt ein Schaukasten mit Modell, wie dieser einst ausgesehen hat.

Frührer tanzten und feierten die jungen und junggebliebenen Lübecker im Memory.

Memory

Superstars zum Schnäppchenpreis

Es war mein Zuhause", erinnert sich Marion Olßson wehmütig an eine Zeit zurück, die für sie mit großem Verlust, erwachsen werden und wahrer Freundschaft verknüpft ist. Und mit dem Ort, an dem sie all das erlebt hat: die Diskothek Memory. Dieser Treffpunkt für Tanzwütige wird von Uwe Meetz im Jahr 1976 im langgestreckten, eingeschossigen Anbau des Gasthofs „Kücknitzer Hof" eröffnet.

Schon ein Jahr später gelingt Uwe Meetz ein großer Coup: Noch bevor das Gesangsduo Baccara seinen ersten Nummer-1-Hit landet,

Mittlerweile wurde der Anbau, in dem das Memory beiheimatet war, abgerissen, nur noch das mit der Diskothek verbundene Gebäude nebenan steht noch.

verpflichtet der Diskothek-Besitzer die beiden Spanierinnen für eine Gage von 700 Mark. Die Tinte auf dem Vertrag ist noch nicht ganz trocken, da steigt die Single *Yes Sir, I Can Boogie* in die Charts auf. In 18 Ländern stehen Baccara mit ihrem Hit auf Platz Eins, in Deutschland ist es eine der meistverkauften Singles aller Zeiten. „Hätte Meetz nur wenige Wochen später versucht, das weibliche Duo in die Hansestadt zu locken, hätte er bestimmt deutlich mehr als das Zehnfache zahlen müssen", berichtet Marion Olßson. Aber Vertrag ist Vertrag und die beiden Spanierinnen absolvieren ihren Auftritt im Memory – ein wackeliges Video davon findet sich dank digitalem Zeitalter auf der Plattform YouTube.

„Hätte Meetz nur wenige Wochen später versucht, das weibliche Duo in die Hansestadt zu locken, hätte er bestimmt deutlich mehr als das Zehnfache zahlen müssen."

„Meine Zeit im Memory kam jedoch erst später", sagt die ehemalige Lübeckerin, „in den 80er-Jahren." Zuhause sei die Situation nach dem Tod ihres Vaters schwierig gewesen, und noch als Minderjährige schlich sie sich mit ihren Geschwistern gern ins Memory. „Ich fand dort eine gewisse Geborgenheit, erlebte meine erste Liebe und überstand so eine düstere Phase in meinem Leben."

Die Feuerwehr bekämpfte seit den frühen Morgenstunden des 18.05.2012 das Feuer, das im Inneren der Diskothek Memory unter großer Rauchentwicklung wütete.

Im Memory ist zu dieser Zeit immer was los, denn Geschäftsinhaber Meetz gelingt es stets, besondere Bands zu verpflichten. Doch nach und nach wandelt sich der Trend von den einfachen Diskotheken hin zu den großen Tanztempeln, die Disco-Ära im Memory neigt sich ihrem Ende entgegen. 1991 gehen die Lichter aus, die Lautsprecher verstummen: Das Memory muss schließen. Der Anbau steht lange leer, ehe er wieder für Schlagzeilen sorgt. Am 18.05.2012 geht gegen 3:55 Uhr ein Notruf bei der Feuerwehr ein: Anwohner melden eine starke Rauchentwicklung und hohe Flammen in Kücknitz. Das Dach der ehemaligen Diskothek Memory hat Feuer gefangen und brennt aus.

Sechs Jahre lang tut sich nichts bei dem Gebäude, das vor seiner Ära als Disco eine Gaststätte gewesen war, in der, wie Marion Olßson erzählt, „einst Kutscher auf ihrer Strecke zwischen Lübeck und Travemünde im Ortsteil Kücknitz eine Pause einlegten, um die Pferde zu tränken, während sich die Passagiere in der Gaststätte erfrischten." Auch die Lübecker Vereine nutzten die

Räumlichkeiten damals für Feiern und Versammlungen. „Als die Gaststätte geschlossen wurde, gab es dort zunächst einen Supermarkt, ein Kino und dann noch ein Wohnheim für Asylbewerber“, schildert Marion Olßson die Nutzung des Gebäudes, bevor das Memory in dem Gebäude seine Heimat fand – das Memory, das dann schließen musste und am Ende ausbrannte.

2018 beantragt die SPD im Bauausschuss der Stadt Lübeck, dass mit dem Eigentümer Gespräche geführt werden sollen, damit dieser endlich die Brandruine beseitigt. Doch wieder tut sich nichts, Müll sammelt sich auf dem Gelände an. Die Anwohner fordern erneut, die Politik möge diesen unmöglichen Zustand ändern. „Aber wieder mahlen die Mühlen langsam, bis zum endgültigen Abriss soll es noch bis zum Februar 2021 dauern“, berichtet Marion Olßson, die aus der Ferne das Schicksal ihrer Heimatstadt weiterverfolgt. „Als ich dann bei Facebook die ersten Fotos von dem leeren Grundstück gesehen habe, wurde ich schon wehmütig.“ Schließlich hat sie immer gerne an ihre Zeit im Memory gedacht, das jetzt im wahrsten Sinne des Wortes nur noch eine Erinnerung ist, die aber hoffentlich nie verblasst.

„Als ich dann bei Facebook die ersten Fotos von dem leeren Grundstück gesehen habe, wurde ich schon wehmütig.“

Melanie Kunze

Hier war das Memory:

Die Diskothek befand sich im Anbau des ehemaligen Gasthofs Kücknitzer Hof an der Alten Travemünder Landstraße.

Während der Ausgrabung im 20. Jahrhundert wurde das Fundament des Gotteshauses – der ersten Steinkirche im Slawenland – freigelegt.

Alt Lübeck

Von Liubice zur Hansestadt

Beinahe neun Jahrhunderte sind vergangen, seit Graf Adolf II. von Schauenburg und Holstein (1128-1164) auf dem Bergrücken am nördlichsten Zipfel der Halbinsel zwischen Trave und Wakenitz gestanden hat. Vor ihm liegen die Ruinen der slawischen Burg *Bucu*, auf deren Fundamenten er eine neue Burg errichten und unweit davon 1143 die Stadt *Lubeke* gründen wird. Später einmal, nachdem die Burg zum Sitz des dänischen Statthalters geworden und es zur entscheidenden Schlacht in Bornhöved gekommen war, wird für Lübeck der Aufstieg zur führenden Stadt im Ost-

Oberhalb des Erdreichs haben sich keinerlei Spuren der alten Siedlung erhalten.

seeraum beginnen. Doch der Standort auf der Halbinsel – dem Herzen der heutigen Stadt Lübeck – war nicht die erste Wahl des Grafen gewesen. Zunächst hatte er eine andere Stelle ausgesucht, einen Platz mit langer Geschichte. Es ist die slawische Siedlung „Alt Lübeck", ein verschwundener Ort, an dessen bewegte Vergangenheit heute nur noch eine steinerne Stele inmitten der unbebauten Landschaft erinnert.

„Die Siedlung am Zusammenfluss von Trave und Schwartau kann durch archäologische Untersuchungen schon in den Beginn des 9. Jahrhunderts datiert werden", erklärt Archäologin Doris Mührenberg. Bereits im Jahr 819 wird auf der Landzunge zwischen den beiden Flüssen die erste Burg gegründet, geschützt durch einen Wall. Von der Bauweise der altslawischen Festung ist jedoch

„Die Siedlung kann durch archäologische Untersuchungen schon in den Beginn des 9. Jahrhunderts datiert werden."

wenig bekannt, auch von den Häusern der angegliederten Siedlung hat sich nur wenig erhalten. Dass das Datum der Gründung so exakt bestimmt werden konnte, ist der Methode zur Datierung von Holzresten zu verdanken: Die Dendrochronologie, das Vergleichen von Baumringen zur Bestimmung des Alters, ermöglichte die zeitliche Einordnung. Ein wichtiges Ergebnis, denn in den schriftlichen Quellen wird die Siedlung erst im Jahr 1050 genannt, als der Chronist Adam von Bremen ein „Leubice" im Zusammenhang mit dem Slawenfürsten Gottschalk (um 1000-1066) nennt. Einige Jahrzehnte nach der Gründung wird der Ort scheinbar verlassen und erst mit Beginn des 11. Jahrhunderts gewinnt er wieder an Bedeutung. Die Siedlung wächst, wird ausgebaut und die Burg erneuert – durch den besagten Fürst Gottschalk.

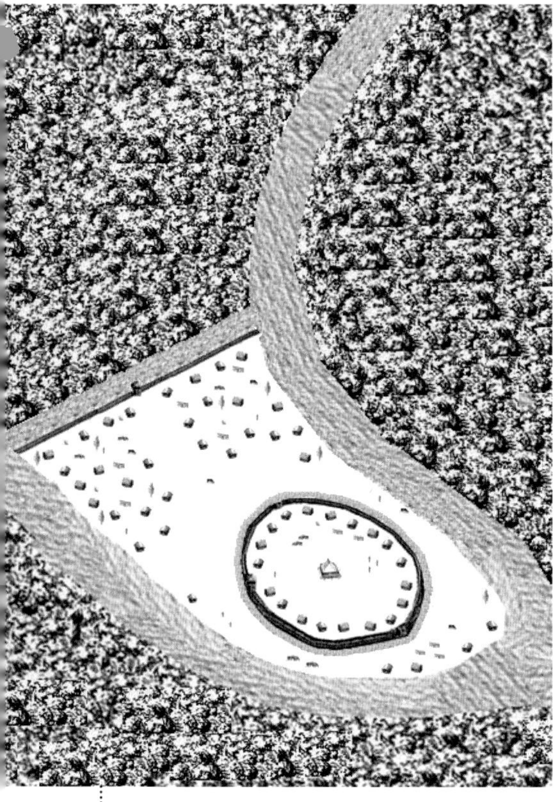

Die Abbildung zeigt einen Rekonstruktionsversuch des ehemaligen Burgwalls von Alt-Lübeck.

Spannend seien vor allem die Ereignisse im Zusammenhang mit dessen Sohn Heinrich (1093-1127), gibt Doris Mührenberg einen aufschlussreichen Hinweis: „Nachdem Gottschalk 1066 vom heidnischen Fürsten Kruto erschlagen worden war und seine Frau Sigrid – eine dänische Prinzessin – nebst dem kleinen Söhnchen Heinrich nackt aus der Mecklenburg vertrieben worden waren, wie Chronist Helmold von Bosau vermerkt, flohen diese heim an den dänischen Königshof. Als Heinrich erwachsen geworden war, ging er zurück nach

Liubice, um sich seiner Ländereien wieder zu bemächtigen“, erklärt die Archäologin die überlieferten Ereignisse. „Nachdem er Kruto in einen Hinterhalt gelockt und ihn erschlagen lassen hatte – angeblich mithilfe dessen junger Frau Slavina –, heiratet er diese.“ Als *rex slavorum* habe Fürst Heinrich über das Obodritenreich geherrscht, das sich von *Liubice*, also Alt Lübeck bis an die mittlere Havel und an die Oder erstreckte. Während seiner Herrschaft erlebt die Siedlung eine Blütezeit mit ausgebauter Burg, einem Hafen sowie einer Kaufmannskolonie, die Heinrich auf dem gegenüberliegenden Traveufer gründete. „Die Siedlung für die auswärtigen Kaufleute ist heute allerdings durch den Durchstich von 1882 zerstört“, merkt die Lübeckerin an.

An der Mündung der Schwartau in die Trave lag Alt-Lübeck.

Doch *Liubice* wird nicht nur wichtiger Herrschersitz, sondern auch Stützpunkt für christliche Missionen: „Die Fürstenresidenz hat auch deswegen eine interessante Geschichte aufzuweisen, da hier einst die erste christliche Kirche aus Stein im Slawenlande stand, denn schon der slawische Fürst Gottschalk trat zum Christentum über.“ Eben diese unter Heinrichs Herrschaft gebaute Steinkirche führt im 19. Jahrhundert zu besonderem Interesse in der Bevölkerung: Bei Bauarbeiten stoßen die Arbeiter im Jahr 1852 nicht nur auf die Fundamente der Kirche, sondern auch auf darin eingelassene Gräber – mit wertvollen Beigaben. „Darunter waren sieben Schläfenringe aus Goldblech. Diese Ringe sind zwar als Frauenschmuck der Slavinnen bekannt, aber zumeist sind sie aus Bronze oder Silber und nicht aus

Gold“, erklärt Doris Mührenberg. Die Besitzerin des fürstlichen Schmucks war keine andere als Slavina – die Frau Heinrichs. „Leider wurde der Schmuck 1911 aus dem Museum gestohlen und eingeschmolzen“, bedauert die Archäologin. Bei nachfolgenden Grabungen habe sich zumindest ein weiteres Exemplar gefunden, das an die verlorenen Schläfenringe erinnere. Und auch andere Schmuckstücke seien interessant, merkt sie an, von denen Repliken vorhanden sind. Wie der neuneckige „Thebal-Cuttani-Ring“ – ein goldener Fingerring mit der Aufschrift *ThEBAL-CUTTANI*, der ebenfalls aus einem Grab geborgen wurde.

„Hier stand Alt Lübeck bis 1138“ steht auf der steinernen Stele geschrieben, die an den einstigen Standort erinnert.

Repliken sowie Originale aus der slawischen Siedlung Alt Lübeck finden sich heute im Museum für Archäologie, darunter auch ein Modell der Siedlung aus dem 20. Jahrhundert. Denn durch mehrfache Ausgrabungen seit der ersten Entdeckung im 19. Jahrhundert konnten Ergebnisse zusammengetragen werden, die ein gutes Bild von der Entwicklung des Standortes ermöglichten. „Das Modell führt anschaulich vor Augen, wie *Alt Lübeck* als slawische Fürstenresidenz aussah: mit Burgwall und steinerner Kirche sowie den einzelnen Siedlungsteilen für Handwerker und Fischer“, beschreibt die Lübeckerin die Rekonstruktion. Vieles sei heute bekannt, doch es gebe auch noch offene Fragen, beispielsweise, wo sich der Palast des Fürsten Heinrich befand.

Das Ende von Alt Lübeck beginnt schon mit dem Tod Heinrichs, als er im Jahr 1127 auf einem Kriegszug gegen die Ranen sein Leben lässt. „Das obodritische Reich zerfiel, vor allem, da auch seine Söhne nicht überlebten. Zudem wurde im Jahre 1138 die Residenz *Liubice* bei innerslawischen Auseinandersetzungen von Race aus Rügen zerstört und der bekannte Handelsort versank in Bedeutungslosigkeit.“ Als nach vielen Kämpfen, politischen Verwicklungen und diplomatischen Verhandlungen Heinrich der Löwe (gest. 1195) das Gebiet erhielt, fährt Doris Mührenberg fort, habe er das Land 1143 dem Grafen von Holstein zu Lehen gegeben. „Dieser hatte die Vision, in seinem Land eine städtische Metropole zu gründen, daher besichtigte er den alten Handelsort *Liubice*. Doch er befand den Platz als zu klein für seine Pläne.“ Er begibt sich traveaufwärts zum Burghügel *Bucu*. Unweit davon gründet er 1143 schließlich die neue Stadt. Seitdem wird in den Quellen das „ursprüngliche“ Lübeck als *Vetus Lubika* bezeichnet – Alt Lübeck. Dennoch hat sich der Name der slawischen Siedlung in gewisser Weise bis heute fortgeführt: „Graf Adolf II. von Schauenburg und Holstein übertrug den Namen als gut eingeführte Marke auf seine neue Stadt: *Liubice* wurde zu *Lubeke* und das wurde zu *Lübeck*!“

„Graf Adolf II. von Schauenburg und Holstein übertrug den Namen als gut eingeführte Marke auf seine neue Stadt: ‚Liubice‘ wurde zu ‚Lubeke‘ und das wurde zu ‚Lübeck‘!“

Annika Stahl

Hier befand sich einst Alt Lübeck:

Die slawische Burg und Siedlung lag beim Zusammenfluss von Trave und Schwartau auf der Landzunge nördlich der heutigen Stadt Lübeck. Eine steinerne Stele erinnert an den ehemaligen Standort.

In der Mitte des Bildes sind die beiden Türme, die einst Lübecks Bedarf an Wasser stillten, gut zu erkennen, denn neben der Brauerwasserkunst gab es in Lübeck noch eine weitere.

Brauerwasserkunst

Schöne Hülle für Notwendiges

Wie magisch wird der Blick von den beiden hochaufragenden Backsteintürmen der Marienkirche angezogen, die die Silhouette längs des Hüxterdamms prägt. „Heutzutage sind es nur noch zwei", klärt Axel Schattschneider hinsichtlich des Blicks über den Elbe-Lübeck-Kanal auf die Lübecker Altstadt auf. „Bis ins 19. Jahrhundert standen dort noch zwei weitere Türme – und diese gehörten zu den Wasserkünsten." Jene buhlten über viele Jahrhunderte mit der Marienkirche um die Aufmerksamkeit des Betrachters.

Vom Ufer aus zeigt sich eine schöne Silhouette. Dank der noch erhaltenen Gebäude gelingt eine gute Orientierung.

In früheren Zeiten mussten sich die Lübecker Bürger über grundwassergespeiste Brunnen und wenige Quellbrunnen innerhalb der Stadtmauern versorgen. „Das aus den Brunnen geschöpfte Wasser ward wegen seines Wohlgeschmacks und seiner niedrigen, in den verschiedenen Jahreszeiten nur geringen Schwankungen unterworfenen Temperatur vornehmlich zum Trinken benutzt", schreibt Wilhelm Brehmer über die Wasserqualität in seinem Aufsatz *Die Straßen, deren Namen, Pflasterung, Reinigung und Beleuchtung, sowie die Versorgung der Stadt mit Wasser*. Weiter ist darin zu lesen: „Für die Zubereitung von Speisen, für das Waschen der Kleidungsstücke und für mannigfache gewerbliche Verrichtungen, namentlich für die Bierbrauerei, erwies es sich, weil in ihm große Mengen von Gips und kohlensaurem Kalk enthalten waren, als ungeeignet." Somit brauchen die Bewohner Lübecks und die Bierbrauer noch eine weitere Versorgungsmöglichkeit: „Mit Trägern wurde auch eimerweise Wasser aus der Wakenitz geschöpft und zu den Häusern gebracht", erläutert der Gästeführer die

Vorgehensweise, die bis weit ins späte 13. Jahrhundert so beibehalten wird.

Doch da der Durst auf gutes Bier ständig größer wird und die Brauer somit immer größere Mengen Wasser benötigen, gestattet der Rat der Stadt schließlich den Bau einer „durch Räder getriebenen Wasserleitung [...]. Die Anlage ist [...] nicht von der Stadt, sondern von Privatpersonen auf deren alleinige Kosten ausgeführt worden", ist dem genannten Aufsatz zu entnehmen. „Als Standort für die Anlage der Wasserkunst wurden die neu errichteten Mühlen am Hüxtertor ausgewählt", erklärt Axel Schattschneider, denn nur dort habe sich das für den Betrieb benötigte Räderwerk mittels Wasserkraft antreiben lassen. Zunächst hatte die Stadt 1291 durch einen „Kauf die Berechtigung zum weiteren Aufstau der Wakenitz von den Herzögen zu Sachsen und dem Bischof von Ratzeburg" erworben, schreibt Wilhelm Brehmer und schließt daraus, dass während des Baus der Mühlen „zu gleicher Zeit auch das Triebwerk für die Wasserkunst angelegt" wurde.

Die Türme der Lübecker Bürgerwasserkunst (hinten) und der Brauerwasserkunst (vorne) auf dem Hüxterdamm, dargestellt auf der Lübecker Stadtansicht des Elias Diebel.

„Nachdem die Wasserkunst vorübergehend in den Besitz der Stadt überging, veräußerte sie diese 1492 wieder, behielt sich aber das Recht vor, weiterhin die Übersicht zu behalten", schildert der Gästeführer. „Zu jener Zeit bestand das Werk, das anfänglich die alte Kunst, später die Brauwasserkunst am Hüxterthor genannt wurde, aus einem hohen Rade, welches das Wasser aus den in der Wakenitz liegenden, bis in die Nähe des Küterhauses vorgeschobenen Röhren in eine hölzerne Säule emportrieb", beschreibt Brehmer das Äußere der Versorgungsanlage. Aus jener Säule floss das Wasser dann zur weiteren Verteilung in die Stadt. „Allein durch den Wasserdruck in der Säule gelangte das Wasser bis den Südosten der Stadt, auch wenn die Straßen zum Teil höher lagen", erklärt Axel Schattschneider die Funktionsweise. In der Nähe der Anlage befand sich zudem ein Schuppen, der „Bergfriede" genannt wurde. „Dort wurden Gerätschaften aufbewahrt und er diente den Vorstehern auch als Treffpunkt während der Sommermonate", erläutert der Lübecker die Funktion des Gebäudes, das – wenn auch in veränderter Form – bis zur Aufhebung der Wasserkunst erhalten blieb.

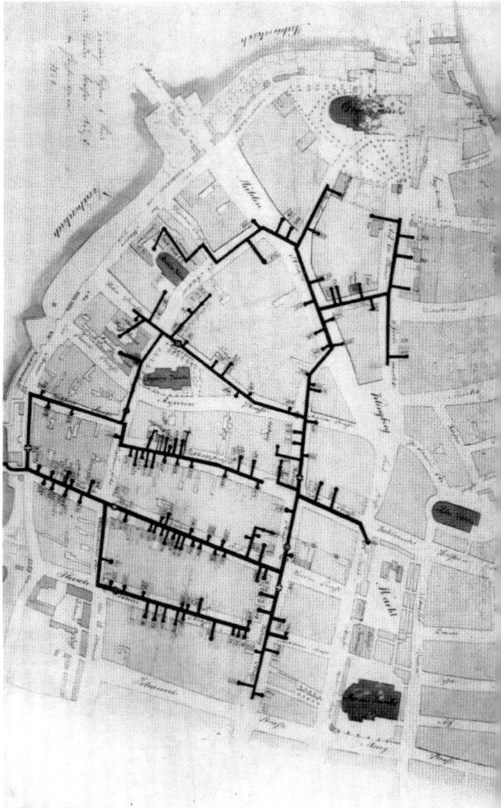

Das Leitungsnetz der Lübecker Brauerwasserkunst im Jahre 1839.

1539 wird die Säule durch einen hohen Turm ersetzt, der die Leistungsfähigkeit der Wasserversorgung erhöhen soll. Bei dessen Bau orientieren sich die Besitzer der Brauerwasserkunst – überwiegend Brauereibetreiber – an dem wenige Jahre zuvor errichteten Turm der Bürgerwasserkunst. „Errichtet wurde der Turm der Brauer von dem Maurermeister Anton Loedinck und konnte bereits im Herbst 1540 in Betrieb genommen werden", berichtet Axel Schattschneider. Brehmer skizziert in seinem Aufsatz das äußere des Wasserbehälters: „Auf der Spitze des Thurmes, der an seiner Außenseite durch mehrfach angebrachte Lübeckische Wappen geziert war, befand sich in einer Höhe von 42 Fuß oberhalb des Wakenitzspiegels, umgeben von einer hölzernen Gallerie, ein aus eichenen Bohlen verfertigter, 20 Fuß langer und 20 Fuß breiter Wasserkumm." Erst 1595, als der Turm um ein weiteres Stockwerk erweitert wird, bekommt er ein niedriges, spitzes Dach – bis dahin stand der hölzerne Wasserbehälter unter freiem Himmel. Im Jahr 1651 wird der hölzerne durch einen Wasserbehälter aus Kupfer ersetzt und dieser 1761 erneuert. „In den unteren Räumen des Turms gab es zunächst auch eine Dienstwohnung für den Kunstmeister", sagt der Wahl-Lübecker Axel Schattschneider, „ehe für ihn ein eigenes Haus an der Straße in der Nähe errichtet wurde." Die hölzernen Leitungen der Brauerwasserkunst liegen unterirdisch in der Straßenmitte, Abzweige davon führen bis in die Häuser. 1830 beträgt die Gesamtlänge des Netzes 3.160 Meter: So werden rund 1.800 Haushalte mit dem lebensspendenden Nass versorgt.

Die Türme der Lübecker Bürgerwasserkunst und der Brauerwasserkunst (rechts) auf dem Hüxterdamm kurz vor ihrem Abriß.

„Doch im 19. Jahrhunderte mehrten sich dann die Beschwerden über die immer stärker nachlassende Qualität", erzählt der Lübecker. „Die Menge an Wasser reichte nicht mehr aus und die Versorgung musste zum Teil sogar eingestellt werden." Die hölzernen Leitungen, die im Laufe der Jahre faulig und dadurch immer undichter werden, verursachen nicht nur eine verminderte Menge, sondern sorgen auch für verschlammte Straßen sowie überschwemmte Keller. „Neben dem Wasserverlust durch die alten Leitungen gab es zunehmend Probleme mit der Güte des Wassers", nennt der Gästeführer einen weiteren Grund der Beschwerden. Sowohl Unrat und Abfälle, die oberhalb des Hüxterdamms in die Wakenitz gekippt werden, als auch Abwässer, die durch Siele aus den Straßen in den Fluss fließen, sorgen für mehrere Choleraepidemien. „Insgesamt 2.500 Einwohner sterben an der Krankheit", hat Schattschneider bei seinen Recherchen herausgefunden. Somit muss schnell eine Lösung gefunden und die Trinkwasserversorgung verbessert werden. 1865 beschließen Senat und Bürgerschaft, eine neue Wasserkunst in Auftrag zu geben, die mit Hilfe von Dampfkraft das benötigte Wasser weiter entfernt von der Altstadt aus der Wakenitz fördern soll, um so die Verunreinigungen zu umgehen.

„Bereits zwei Jahre später ging die neue Anlage in Betrieb, und sowohl die Brauerwasserkunst als auch die im 16. Jahrhundert hinzugekommene Bürgerwasserkunst mussten den Betrieb einstellen", berichtet der Gästeführer. Schon 1874 werden die beiden Wassertürme abgebrochen: Von den ersten Versorgungseinrichtungen Lübecks ist nichts mehr zu sehen. „Zumindest nicht offensichtlich", schränkt Axel Schattschneider ein. „Bei Ausgrabungen und Straßensanierungen finden sich immer wieder Überreste der hölzernen Wasserrinnen, mit deren Hilfe einst der Durst der Lübecker gestillt wurde und die noch immer an die erste leitungsgebundene Wasserversorgung erinnern."

Melanie Kunze

Hier stand die Brauerwasserkunst:

Sie lag auf dem Hüxterdamm, der unterhalb der Hüxstraße in die Wakenitz hineinragte.

Das Luftbild aus dem Jahr 1930 veranschaulicht den Übergang zwischen Land- und Wasserflughafen.

Flughafen Priwall

Luftkreuz des Nordens

Seit einigen Jahren sind Wochenendausflüge von Berlin und dem Rheinland nach Travemünde zu einer gewohnten Einrichtung geworden", zitiert Rolf Fechner eine Werbebroschüre aus dem Jahr 1930 und fährt fort: „… der heute mehr denn je in Anspruch genommene Geschäftsmann hat so Gelegenheit, seine Familie, die am Badestrand sonnige Wochen verlebt, auf einen Sprung zu besuchen." Also einfach auf dem Flughafen Priwall landen und den Badeurlaub in Travemünde antreten. Moment mal – dem Flughafen Priwall? Richtig gelesen: Dort, wo heute das „Naturschutzgebiet Südlicher Priwall" einer Vielzahl von Tieren, darunter Zugvögeln in hoher Artenzahl, einen Lebensraum bietet, existierte im letzten

Wasserflugzeuge landen jetzt keine mehr am Priwall – dafür befindet sich dort heute ein Naturschutzgebiet.

Jahrhundert ein Flughafen. Mehr sogar noch, das Areal ermöglichte nicht nur herkömmlichen Flugzeugen die Landung, sondern besaß auch einen Wasserflughafen in der Pötenitzer Wiek. „Es war einst der größte kombinierte Wasser- und Landflughafen Deutschlands. Besonders in den späten 1920er-Jahren war der Flughafen Priwall bedeutender als der in Blankensee", erklärt Rolf Fechner weiter, der das Buch *Luftfahrt auf dem Priwall und Pötenitz* verfasst hat. Die Besonderheit also: die Kombination aus einem Flughafen an Land und einem im Gewässer: „So konnten Wasserflugzeuge aus dem skandinavischen Raum in der Pötenitzer Wiek landen und die Fluggäste mit Landflugzeugen weiterreisen, die sie über eine Landungsbrücke erreichten. Quasi ein Umstieg von einem Gate zum anderen."

Bereits 1908 entsteht der Lübecker Verein für Luftschifffahrt, 1914 dann der kombinierte Flughafen auf dem Priwall und in der Pötenitzer Wiek. Ein Vorteil für den Luftverkehr, denn Wasserflugzeuge haben durch ihre Konstruktion schlichtweg den Vorteil, dass sie, wie der Name verrät, auf dem Wasser starten, über dem Wasser fliegen und auf dem Wasser landen können – also praktisch überall, wo bestimmte Bedingungen gegeben sind: „Mit einer Länge von 3.000 Metern, einem Tiefgang bis zu neun Metern und geringem Wellengang bot die Pötenitzer Wiek ideale Bedingung für einen Wasserflughafen. Und im Gegensatz zur unsicheren Ostsee ist das Binnengewässer südlich des Priwalls geschützt", erklärt Rolf Fechner.

Während des Ersten Weltkrieges (1914-1918) dient der Flughafen zur Produktion von Kampfflugzeugen und Ausbildung von Piloten. Mit Kriegsende und dem danach beschlossenen Versailler Vertrag, der unter anderem das Verbot zur Herstellung von Flugzeugen in Deutschland beinhaltet, beginnt ab etwa 1921 der zivile Luftverkehr. Erst als das Pariser Luftfahrtabkommen von 1926 schließlich Lockerungen des Vertrags vorsieht, hebt die zivile Luftfahrt am Priwall regelrecht ab: Am 15.11.1927 eröffnet der größte kombinierte Wasser- und Landflughafen in Deutschland und wird zum Luftkreuz des Nordens: mit Verbindungen nicht nur in den skandinavischen Raum, sondern bis nach Madrid, Moskau – sogar bis ins heutige Istanbul, das bis 1930 Konstantinopel hieß.

„In der Zeit sind auch zwei Großereignisse zu nennen", merkt der Travemünder an. „Im Jahr 1931 landete im Rahmen der Feierlichkeiten zum Ostseejahr das Luftschiff *Graf Zeppelin* auf dem Priwall." Ein Ereignis, das über 20.000 Zuschauer anzieht. Ein Jahr später landet ein weiteres Luftschiff der Superlative: „Die *Do-X*, das zu ihrer Zeit größte Flugboot der Welt, also ein kombiniertes Wasser- und Landflugzeug, landete 1932 auf dem Priwall." Die 170 Fluggäste seien in Südamerika gestartet und mit einem Zwischenhalt in New York weiter zum Priwall geflogen. „Von dort unternahm die *Do-X* einen Rundflug über die Ostsee."

Doch die Vorzeichen des Zweiten Weltkriegs (1939-1945) erstrecken sich auch auf den Flughafen Priwall – wenn auch zunächst verdeckt. So dient ab 1928 das Flughafengelände zusätzlich einem anderen Zweck, der ab 1934 schließlich den zivilen Luftverkehr komplett verdrängt: In der sogenannten „E-Stelle See" – der Erprobungsstelle See – werden entgegen den Bestimmungen des Versailler Vertrages Flugzeuge gebaut. „Offiziell wurden die dort gefertigten Waren als Möbel deklariert und nach Schweden ausgeflogen. Selbst die Mitarbeiter trugen bis in die 1930er-Jahre Zivilkleidung, um den Schein zu wahren", berichtet Rolf Fechner. Mit Beginn des Zweiten Weltkrieges seien dort nicht nur neue Flugzeugtypen gebaut, sondern auch erprobt worden. „Das Interesse an neuen Fliegern war groß. Es wurde getestet, wofür die Maschinen eingesetzt werden könnten – sei es zum Beobachten oder für den Kampf. Ein besonderer Fokus lag darauf, dass die Flugzeuge von Schiffen starten und landen sollten", fährt Rolf Fechner fort und ergänzt: „Einer der Gründe, wieso auch Hubschrauber gefertigt wurden – ein absolutes Novum in der Zeit. Durch das senkrechte Starten und Landen war der Platzbedarf bei diesen einfach deutlich geringer und ideal für das Vorhaben." Und es war nicht die einzige Militäranlage: „Auf mecklenburgischer Seite unmittelbar am Priwall, in Pötenitz, befand sich das 1936/37 unter strengster Geheimhaltung errichtete Luftzeugamt, eine Schnittstelle zwischen Luftwaffe und Industrie."

Mit Ende des Zweiten Weltkrieges endet die Nutzung des Flugplatzes Priwall. „Als die Briten 1945 einmarschierten, demontierten sie den Flughafen", schildert der Heimatforscher die Umstände. Zeitweise werden die Gebäude als Seemannsschule weiter genutzt, später verkauft und durch Wohnhäuser ersetzt. Vom Flughafen selbst ist heute nichts mehr erhalten, stattdessen wird der südliche Priwall nach 1945 aufgeforstet und dient seitdem als geschützter Lebensraum für Pflanzen und Tiere. „Im Naturschutzgebiet kann man stundenlang spazieren", merkt Rolf Fechner an. Genug Naturraum also, damit sich dort „der heute mehr denn je in Anspruch genommene Geschäftsmann" – und natürlich auch jede Geschäftsfrau – von den Strapazen des Alltags erholen kann …

Annika Stahl

Hier befand sich der Flughafen Priwall:

Der Flughafen lag auf dem Südlichen Priwall, wo sich heute das Naturschutzgebiet befindet, mit Verbindung zum Wasserflughafen in der Pötenitzer Wiek.

Mal leichte Kost, mal Klassiker oder Anrüchiges – diverse Filme wurden hier vorgeführt.

Eden-Lichtspiele

Völlig flimmerfrei

Als das Ehepaar Hagenkötter am 25. Januar 2016 zum ersten Mal im renovierungsbedürftigen großen Kino-Saal der *Eden-Lichtspiele* steht, ist es begeistert von der Atmosphäre: „Unser erster Gedanke war, den Saal aus seinem Dornröschenschlaf wach zu küssen und neuen, glanzvollen Kino-Zeiten zuzuführen", berichtet Renate Hagenkötter. „Doch bei näherer Prüfung und Betrachtung des baulichen Zustands kamen schnell Zweifel auf", schränkt ihr Ehemann Andreas ein, „und auch der Blick in die Geschichte des Kinos deckte architektonische Fragwürdigkeiten

Nur noch der Name „Haus Eden“ erinnert von außen an die Zeiten, als die Cineasten in Scharen die Eden-Lichtspiele besuchten.

und wirtschaftliche Schwierigkeiten auf.“ Dennoch entschied sich das Ehepaar dafür, das aus dem 13. Jahrhundert stammende Haus in der Königstraße 25 mitsamt dem großen Saal zu kaufen. Nicht um dort den Kinobetrieb wiederaufzunehmen, sondern um eine multifunktionale Kultureinrichtung zu betreiben. Das passt auch aufgrund der Geschichte des Hauses, das im Laufe der Jahrhunderte schon mehr Kultur als „nur“ Kino gesehen hatte.

„Und auch der Blick in die Geschichte des Kinos deckte architektonische Fragwürdigkeiten und wirtschaftliche Schwierigkeiten auf.“

Bereits 1844 baute der „Gesellige Verein“ das Gebäude in der Königstraße zu einem Gesellschaftshaus um und errichtete im ersten Obergeschoss einen Veranstaltungssaal für Kammerkonzerte. Im Rahmen dieser Umbauarbeiten wurde das Gebäude auch mit einer klassizistischen Fassade versehen, ehe der „Bürgerverein“ 1907 die Räumlichkeiten übernahm. Ende 1918 / Anfang 1919 baut der Fotograf Erich Dietrich (1892-1949) den ehemaligen Veranstaltungssaal des Bürgervereins zum Kinosaal mit 301 Plätzen um. „Und das, obwohl die architektonischen Voraussetzungen ungünstig waren", merkt Andreas Hagenkötter an. „Der Treppenaufgang zum 1. Stock war schmal, die vorhandenen Notausgänge sowie Fluchtwege konnten den feuerpolizeilichen Anforderungen nur schwer entsprechen."

In einer Aktennotiz der Feuerwehr vom Oktober 1921 heißt es: „Nur mit Widerstand ist seiner Zeit die Genehmigung zur Errichtung eines Kinos in den oberen Räumen des Hauses Königstr. 25 erteilt worden, da in feuerpolizeilicher Beziehung mancherlei Bedenken hervortraten. Der Hof ist jedoch geradezu eine Menschenfalle."

Noch 2009 erinnerte der Schriftzug EDEN Lichtspiele an die Kino-Geschichte des Gebäudes.

Nichtsdestotrotz wird die Genehmigung erteilt und am 22. Mai 1919 das *Volks-Kino* des Bürgervereins von dem Fotografen mit drei Filmen eröffnet. „Doch schon nach wenigen Monaten musste Dietrich das Kino wieder schließen", bedauert Renate Hagenkötter. Das Ende des Lichtspielhauses bedeutet dieser Einschnitt jedoch nicht: Ernst Furtmiller übernimmt das Kino: Der Geschäftsbetrieb startet bereits am 12. März 1920 erneut – nun unter dem Namen *Kammer-Lichtspiele*. „Aber mehr Erfolg hatte er auch nicht", erklärt Renate Hagenkötter, „in Werbeanzeigen lobte er zwar die ‚sehenswerte Innenausstattung' und den ‚eigenen bestausgestatteten Erfrischungsraum', doch er gab recht schnell auf." Keine zwei Jahre nachdem die ersten bewegten Bilder über die Leinwand

flimmerten, wird das Kino – nach einer weiteren Renovierung – bereits am 18. März 1921 zum zweiten Mal wiedereröffnet.
„Der erste Eindruck, den man beim Betreten des Saales erhält, ist ein recht anheimelnder. Das Lokal ist einer vollständigen Auffrischung unterzogen worden und die dunkelroten Wände harmonisieren stimmungsvoll mit der in dazu passenden Farben gehaltenen Wand- und Deckenbeleuchtung", schreibt der *Lübecker Generalanzeiger* vom 19. März 1921. Ferner führt er auf, die bequemen, durch weite, mit Teppichen belegten Gänge erreichbaren Klappsessel seien eine Annehmlichkeit für das Publikum und „daß die Kammer-Lichtspiele mit Apparaten ausgestattet sind, die völlig flimmerfreie Bilder gewährleisten". Trotz der wohlmeinenden Stimmen kommen die Kammer-Lichtspiele nie in eine dauerhafte wirtschaftliche Erfolgszone.

1928 wechselt das Kino erneut den Besitzer und wieder einmal den Namen. Am 2. November erfolgt die Neueröffnung als *Eden-Lichtspiele* – und erneut berichtet der *Lübecker General-Anzeiger*, unter anderem, dass der rote Seidenvorhang, der die Leinwand bis zum Beginn der eigentlichen Vorstellung verdeckte, besondere Aufmerksamkeit erregt habe. „Als sich der Tonfilm in Lübeck durchgesetzt hatte, wurde das Eden 1932 von August Haase aus Schwerin übernommen", berichtet Renate Hagenkötter über den nächsten Besitzerwechsel. „Geleitet wurde es von seiner Tochter Minna Kirch, die es zunächst bis zum Ende des Zweiten Weltkriegs führte." Unter ihrer Leitung ändert sich das Programm: Das Eden wird zu einem auf Kriminal- und Abenteuerfilme spezialisierten Kino. Auch während des Zweiten Weltkriegs laufen die Vorstellungen weiter, selbst in der schicksalhaften Nacht vom 28. auf den 29. März 1942, in der 320 Menschen getötet und mit über 1.000 Gebäuden ein Großteil der Altstadt zerstört wurde. Jene Nacht erlebte die Lübeckerin Gerda Thätner im Eden voller Angst. Als die Sirenen zu heulen begannen, wurde das Publikum angewiesen, im Saal zu bleiben, da das Eden keinen Luftschutzkeller hatte. Frau Thätner widersprach aber mit der Begrün-

„Als sich der Tonfilm in Lübeck durchgesetzt hatte, wurde das Eden 1932 von August Haase aus Schwerin übernommen."

dung, sie habe ein kleines Kind zu Hause. Sie erntete zwar Missbilligung, weil sie überhaupt ins Kino gegangen war, dennoch durfte sie dann gehen. „Das Eden hatte den Zweiten Weltkrieg unbeschadet überstanden", berichtet Rechtsanwalt Hagenkötter, „aber nach Kriegsende wurde es von der britischen Besatzungsmacht beschlagnahmt und zum Kino für osteuropäische *displaced persons* in Lübeck gemacht."

Als Minna Kirch am 21. Juni 1948 – dem Tag der Währungsreform – das Eden zurückerhält, führt sie das Kino gemeinsam mit dem Niederländer Bernhard Kuyper mit dem Schwerpunkt Abenteuer- und Westernfilme weiter. Ein Jahr später wird klar, dass Minna Kirch der Pachtvertrag nicht verlängert wird, denn erneut gibt es feuerpolizeiliche Bedenken hinsichtlich der Sicherheitsvorschriften. Im Frühjahr 1951 schließt Minna Kirch die Pforten des Eden in der Königstraße 25. Untätig bleibt die tüchtige Geschäftsfrau aber nicht, sondern errichtet in derselben Straße ein neues Kino: Bereits im August desselben Jahrs lädt sie im *City-Theater* zur Premierenvorstellung ein.

Einer von zwei Filmprojektoren des bis 1985 betriebenen Kinos Eden-Lichtspiele in Lübeck.

Das Eden hingegen wird vom Lübecker Architekten Helmuth Ehrich übernommen, der es grundlegend renoviert und den Kinobetrieb wieder startet. „Nach dem Tod Helmut Ehrichs verpachtet dessen Sohn Manfred das Kino 1975 an die Kinobetreiber Albert Kieft und Wilhelm Grießhammer", erzählt Andreas Hagenkötter, der sich mit dem Kauf des Gebäudes auch intensiv mit dessen Geschichte befasst hat, und ergänzt, neben Western und Action-Filmen seien im Eden jetzt auch pornografische Filme gezeigt worden.

1979 übernimmt der „Arbeitskreis Kino“ das Filmschauspielhaus. „Das *eden-programm-kino* hatte nun einen ganz anderen Publikumskreis als in den Jahren zuvor. Durch die Vorführung ausgewählter, unter künstlerischen Gesichtspunkten interessanter Filme oder Retrospektiven wurde die nicht kommerzielle Filmarbeit in Lübeck ergänzt“, fasst der Rechtsanwalt die Intention des Arbeitskreises Kino zusammen. Doch nur zwei Jahre später wird das Eden als reines Programmkino wieder aufgegeben. Sowohl die technische als auch die räumliche Ausstattung hat sich als unzureichend erwiesen, außerdem bleiben die Erlöse weit hinter den Erwartungen zurück. Somit wird Programmkinoangebot auf einige Tage in der Woche reduziert und es flimmern auch wieder Western und Sexfilme über die Leinwand.

„Das eden-programm-kino hatte nun einen ganz anderen Publikumskreis als in den Jahren zuvor.“

Doch noch vor Ablauf des Pachtvertrags wird der Kinobetrieb 1985 eingestellt, das ehemalige Gesellschaftshaus verfällt in einen Dornröschenschlaf. Erst das Ehepaar Hagenkötter erlöst das Haus in der Königstraße, haucht dem Gebäude mit seinen Renovierungsarbeiten wieder neues Leben ein – und schafft eine weitere Heimat für kulturelle Veranstaltungen in Lübeck.

Melanie Kunze

Hier waren die Eden-Lichtspiele:

Der Kinosaal befand sich im ersten Obergeschoss des Hauses Königstraße 25.

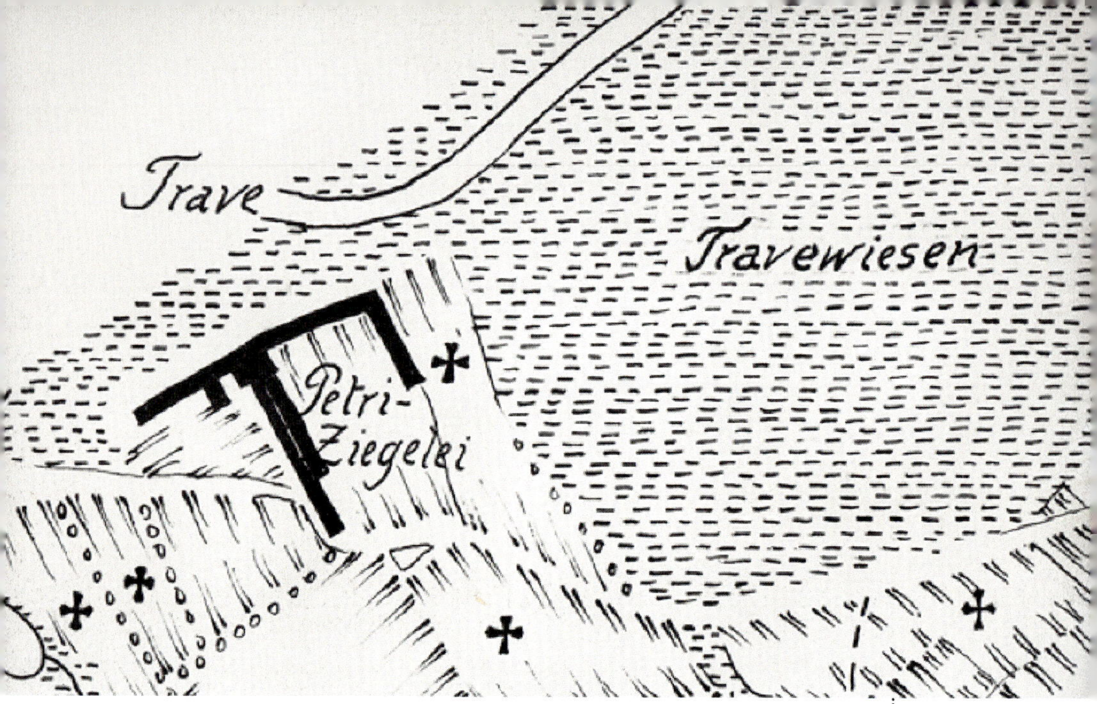

Die St.-Petri-Ziegelei auf der Nachzeichung einer Karte von Johannes Klöckung, um 1757.

St.-Petri-Ziegelei

Der Schlüssel als Markenzeichen

Immer wenn Dagmar Nieselt durch ihre Heimatstadt Lübeck spaziert und an dem ein oder anderen alten Gebäude einen aus einem Schlüssel mit den Buchstaben *S* und *P* bestehenden Stempelabdruck entdeckt, muss sie an die alte Ziegel-Produktionsstätte denken. Diese hatte viele Bauten in der Hansestadt erst ermöglicht – ganz einfach, weil man ohne Steine kein Gebäude errichten kann, es sei denn, es handelt sich um ein Holzhaus. Längst ist die St.-Petri-Ziegelei, um deren Zeichen es sich bei dem Abdruck handelt, aus dem Stadtbild verschwunden, nur die vor langer Zeit verbauten Ziegel erinnern

Auch heute wird hier auf der gegenüberliegenden Uferseite gearbeitet – Ziegel werden allerdings keine mehr hergestellt und auch nach Brennöfen sucht man vergeblich.

an den einst großen Betrieb. Und das nicht nur in der Hansestadt an der Trave, sondern auch weit über die Stadt und das Umland hinaus, denn die Ziegel erwiesen sich als wahrer Exportschlager.

„1505 fand das St.-Petri-Ziegelwerk von Lübeck erstmals Erwähnung in einer schriftlichen Quelle“, erzählt die pensionierte Schulsekretärin, die sich zeit ihres Lebens mit der Geschichte ihrer Heimatstadt beschäftigt hat. „Dabei handelte es sich um einen Eigenbetrieb der St. Petri-Kirche.“ Zunächst befand sich die Ziegelei vor dem Holstentor, musste aber ab 1644 umziehen, da der Rat, laut dem Protokollbuch der St. Petri-Kirche aus demselben Jahr, glaubt, „daß es der Festung schetlich“ sei. Die neue Heimat der Produktionsstätte war vor dem Mühlentor. „Als wirklich schlecht erwies sich dieser Umzug nicht, denn im Bereich der Geniner Wiesen konnte für die Herstellung von Ziegeln besonders geeignetes Tonvorkommen abgebaut werden“, erläutert Dagmar Nieselt. Zudem benötigte man für einen erfolgreichen Ziegeleibetrieb recht großen Lagerraum und viel Heizmaterial für die Befüllung der Feldbrandöfen. Zur St.-Petri-Ziegelei gehörte auch noch ein Lagerplatz und ein Verladehafen an der Trave bei der Danckers Brücke.

Thomas Wölk schreibt in seinem Aufsatz *Herstellung von Ziegelsteinen*, dass die Ziegelherstellung laut dem Jerichower Klostermuseum neun Produktionsschritte erfordere. Zunächst muss der Ton abgebaut und in speziellen Gruben über Winter gelagert werden. „Im Frühjahr steht dann die Aufbereitung des Ausgangsmaterials an, indem dieses zerkleinert, geknetet und eventuell je nach Feuchtegehalt entweder mit Wasser oder Spreu versetzt wird", erläutert Dagmar Niesel die Vorgehensweise. Im Anschluss erfolgen die Formgebung und dann die Lufttrocknung von etwa drei bis sechs Wochen. Nachdem die Rohlinge getrocknet sind, werden sie in den Feldbrandofen gestapelt und das Brennmaterial – bestehend aus Torf und Holz oder Holzkohle – entzündet. Zunächst wird der Ofen bei niedriger Temperatur mittels „Schmauchfeuer" zwei bis drei Tage lang betrieben, ehe die Temperatur gesteigert wird und die Rohlinge wiederum zwei bis drei Tage dem „Mittelfeuer" ausgesetzt werden. Im letzten Schritt werden die sogenannten Luftkanäle, mit deren Hilfe die anfänglich noch vorhandene Restfeuchte abgeleitet wird, verschlossen und sämtliche Öffnungen des Ofens vermauert. Bei 800 bis 1.000 Grad werden die Ziegel unter „Vollfeuer" zu Ende gebrannt. „Bei einem solchen Brand wurden etwa 10.000 bis 12.000 Steine hergestellt", sagt Dagmar Nieselt. „Dabei entstanden zu einem Drittel Ziegelsteine von bester Qualität – die anderen wurden eher für den Mauerkern verwendet oder für andere Stellen, an denen die Ziegelsteine nicht sichtbar waren."

„Dabei entstanden zu einem Drittel Ziegelsteine von bester Qualität – die anderen wurden eher für den Mauerkern verwendet oder für andere Stellen, an denen die Ziegelsteine nicht sichtbar waren."

Doch obwohl die Stadt Lübeck und ihre Bürger für viele Bauzwecke Ziegel benötigen, sind die Ziegeleien – es gibt bis zu fünf gleichzeitig – mitunter nicht lukrativ. Ende des 16. Jahrhunderts ist es um die St.-Petri-Ziegelei so schlecht bestellt, dass der Rat der Stadt Lübeck die St. Jakobi-Kirche anweist, die Ziegelei finanziell zu unterstützen. Die Finanzspritze hilft: Die Produktion kann im Lauf der Zeit gesteigert werden. „In der ersten Hälfte des 17. Jahrhunderts wurden um die 250 000 Dach- und Mauersteine pro Jahr hergestellt, in der zweiten Hälfte des 17. und ersten Hälfte des 18. Jahrhunderts zwischen 300 000 und 730 000", listet Donat Wehner in seinem Aufsatz *Rationalisierung, Akkordarbeit und Kontrolle. Die St.-Petri-Ziegelei in Lübeck und die „Ressource Mensch" in frühkapitalistischer Zeit* die Kennzahlen der Produktion auf. Damit gehört die St.-Petri-Ziegelei nicht nur in Lübeck, sondern auch im weiten Umkreis zu den Großbetrieben, und das im Gegensatz zu den anderen derartigen Betrieben der Hansestadt, denn weder der „städtische Bauhof, die Ratsziegelei und die Privatziegeleien von Padelügge und Groß Wesenberg" konnten an den Produktionsumfang heranreichen.

Mitte des 19. Jahrhunderts läutet eine technische Innovation bei der Ziegelherstellung das Ende der St. Petri-Ziegelei ein: Ringöfen mit umlaufendem Feuer. Durch die neue Produktionsweise können deutlich mehr Ziegel gleichzeitig produziert werden. „Die St. Petri-Ziegelei war mit ihren veralteten Brennhöfen nicht mehr konkurrenzfähig", resümiert der Autor des Aufsatzes. „Eine Umrüstung kam nicht in Betracht", sagt Dagmar Nieselt, „die Tonvorkommen an den Geniner Wiesen wären mit der neuen Technik und dem höheren Output schnell erschöpft gewesen." Nachdem die Würfel gefallen sind, wird das Betriebsgelände der St.-Petri-Ziegelei an die Stadt Lübeck verkauft, die dort den Bau der neuen Gasanstalt veranlasst. Das immer noch im Besitz der Stadt befindliche Areal wird heute noch als Gasversorgungswerk genutzt.

Melanie Kunze

Hier stand die St.-Petri-Ziegelei:

Die Ziegelei erstreckte sich über die Geniner Wiesen.

Luftbild der Metallhüttenwerke in Herrenwyk von 1979, bei dem der Kühlturm mit seiner hellen Färbung hervorsticht.

Hochofenwerk

Hitze, Dreck und Staub

Als 2009 als letztes bauliches Relikt des Hüttenwerks der über 40 Meter hohe Kühlturm aus Stahl und Beton abgerissen wird, ist es für viele Ortsansässige ein wehmütiger Augenblick. Denn bis zuletzt erinnerte der Turm an die Zeit des vor mehr als einem Jahrhundert als „Hochofenwerk Lübeck AG" gegründeten Werks, dessen ehemaliger Standort heute von der Reederei Lehmann genutzt wird.

„Das Werk wurde 1906 quasi auf die ‚grüne Wiese' in Herrenwyk gebaut", erklärt Historiker Christian Rathmer. Der Standort an der

Vom einstigen Kühlturm und den Schuttgut-Halden des Hochofenwerks hat sich heute nichts erhalten.

Trave ist damals vielversprechend: Durch den Seehafen zur Ostsee ergibt sich ein bedeutender Transportvorteil, da Eisenerz und Kalkstein aus Skandinavien direkt am Werk zu Roheisen verarbeitet werden können. Ein Jahr später wird der Hochofen angefahren, nachdem das Hüttenwerk in beinahe kompletter Handarbeit errichtet wurde – nur ein paar Kräne und Flaschenzüge erleichterten den Aufbau. „Die erste Befüllung, bei welcher der Ofen schichtweise mit Erz befüllt wurde, hat drei Wochen gedauert“, fährt Christian Rathmer fort, der das Industriemuseum „Geschichtswerkstatt Herrenwyk“ leitet.

„Die erste Befüllung, bei welcher der Ofen schichtweise mit Erz befüllt wurde, hat drei Wochen gedauert.“

Mit Beginn der Arbeit am Werk zieht es auch eine große Zahl von Arbeitskräften in die Region – was sich zunächst als Problem darstellt: „Es mangelte den Arbeitern und ihren Familien an Unterbringungsmöglichkeiten. Die angrenzenden Dörfer Herrenwyk und Kücknitz boten einfach nicht ausreichend Platz", erklärt der Lübecker. Um den benötigten Wohnraum zu schaffen, wird die Werkssiedlung Herrenwyk gegründet. Die Gestaltung der neuen Wohngegend ist – wie das Hüttenwerk – streng hierarchisch: „Der Generaldirektor erhielt eine Villa, die leitenden Angestellten entsprechende Beamtenhäuser und den Arbeitern standen eingeschossige Reihenhäuser im Gartenstadtstil zur Verfügung", schildert Christian Rathmer die Wohnsituation. In den Arbeiterhäusern leben die Beschäftigten mit ihren Familien demnach auf 55 Quadratmetern: im Erdgeschoss eine Küche, die „gute Stube" und das Elternschlafzimmer, unter dem Dach zwei weitere Schlafkammern für die Kinder. „Jedes Haus besaß außerdem einen Garten und einen Schuppen mit Plumpsklo sowie eine Waschküche, die sich zwei Familien teilten." Versorgt werden die Arbeiter durch das werkseigene Kaufhaus „Consum-Anstalt", eine Bäckerei sowie eine Schlachterei. Ideale Bedingungen für die Arbeiter des Hüttenwerks – und diese müssen schließlich gut versorgt sein, denn das Werk ist auf Expansionskurs.

Blick in die Bäckereistraße in den 1920er-Jahren.

„Vor allem durch den Bedarf an Roheisen und Kupfer mit Beginn des Ersten Weltkriegs vervielfachte sich die Produktion", erklärt der Historiker weiter. Dadurch übersteht das Hüttenwerk nicht nur den Krieg, sondern auch die nachfolgende Inflation in den 1920er-Jahren. Doch die Arbeitstage der Werksarbeiter sind lang und fordern ihren Tribut: Die 12-Stunden-Schichten sind für die Männer nicht mehr tragbar. Wer am Hochofen beschäftigt ist, den trifft ein besonders schweres Los: Hitze, Dreck und Staub zehren an der körperlichen Gesundheit. Daher fordert die Belegschaft im Jahr 1924 kürzere Arbeitszeiten. Wenn auch der Streik zunächst erfolglos bleibt, so kommt es kurze Zeit später dennoch zur Einführung des 8-Stunden-Tages – zumindest für diejenigen, welche der stärksten Belastung ausgesetzt sind: die Arbeiter am Hochofen und in der Kokerei. Für alle anderen gilt nun der 10-Stunden-Tag. Ein Erfolg für die Arbeiter, doch dem Werk stehen düstere Zeiten bevor.

In der Bäckereistraße hat sich seither nicht viel verändert, die Häuser haben ihre ursprüngliche Form behalten.

„Die Inflation von 1923 war zwar überstanden", fährt der Historiker fort, „aber die Weltwirtschaftskrise zwang das Werk Anfang der 1930er-Jahre zum Stillstand." Mit der Machtergreifung der Nationalsozialisten im Januar 1933 und ihrer gezielten Aufrüstungspolitik ermöglichen deren Aufträge einen erneuten Aufschwung, doch die Zeit ist auch von der Gleichschaltung geprägt. Eines der Opfer ist Dr. Moritz Neumark (1866-1943), der Generaldirektor des Hochofenwerks, der – nachdem er sein Amt niederlegte und nach Berlin gezogen war –, wegen seines jüdischen Glaubens deportiert wird und im Konzentrationslager Theresienstadt sein Leben lässt. Im Rahmen der „Arisierung" werden außerdem die jüdischen Anteilseigner gezwungen, ihre Anteile zu verkaufen; Nutznießer ist der Unternehmer Friedrich Flick (1883-1972), unter dessen Leitung das Werk 1938 fällt. Mit Kriegsbeginn werden schließlich große Teile der Belegschaft eingezogen und durch Kriegsgefangene oder Zwangsarbeiter ersetzt.

Nach dem Ende des Krieges bleiben die Öfen erstmals kalt – zumindest bis 1946. In der Nachkriegszeit erwarten das Werk jedoch erfolgversprechende Aussichten: Die Anlagen werden mit Beginn der 1950er-Jahre renoviert, das Hochofenwerk wird in „Metallhüttenwerke Lübeck AG“ umbenannt, die Gewinne steigen. Auch für die Belegschaft setzen sich die Errungenschaften fort: Nach dem großen Streik im Jahr 1956, der die Metallindustrie in ganz Schleswig-Holstein betrifft, verbessern sich die Arbeitsverhältnisse der Arbeiter. Das betrifft Ende der 1950er-Jahre immerhin knapp 3.000 Beschäftigte, die am Hüttenwerk angestellt sind, darunter auch viele Gastarbeiter. Es ist eine weitere Hochphase des Werkes. Doch auch diese sollte nicht überdauern.

Eine Aufnahme des Hochofens aus dem Jahr 1909.

„In den 1960er- und 70er-Jahren gab es zunehmend wirtschaftliche Schwierigkeiten, weswegen der Konzern die Mehrheit der Anteile an die US-Steel-Corporation aus Pittsburgh verkaufte“, erklärt Christian Rathmer und ergänzt: „Das Werk befand sich allerdings in weitaus schlechterem Zustand, als es die neuen Besitzer vermuteten.“ Den Amerikanern drohen hohe Folgekosten, weswegen sie das Werk für einen symbolischen Dollar an einen Rechtsanwalt aus Wuppertal weiterverkaufen. Für diesen ein Spekulationsobjekt, das allerdings keinen Interessenten findet. So sind am Ende die noch etwa 1.000 Beschäftigten die eigentlichen Verlierer, als der Betrieb 1981 Konkurs anmeldet: Sie müssen das Werk ohne Sozialplan oder Abfindungen verlassen.

Mit der Schließung des Hüttenwerks wird die dazu gehörende Werkssiedlung Herrenwyk an den Gemeinnützigen Bauverein Lübeck verkauft. Immerhin, ehemalige Mitarbeiter erhalten ein reduziertes

Kaufangebot, um ihr Zuhause nicht verlassen zu müssen. Einzige Bedingung: Der Gesamteindruck der Kolonie müsse erhalten bleiben. Die ehemalige Arbeiterwohnkolonie existiert somit – bis heute – zumindest in ihrer äußerlichen Gestalt. Und wer einen Einblick in das Innere der alten Häuser haben möchte, merkt Christian Rathmer an, der könne dem Industriemuseum in Herrenwyk einen Besuch abstatten. Dort ermöglichen getreue Nachbildungen einen Blick in die Vergangenheit. Teil der Ausstellung ist außerdem die Industriegeschichte an der Trave und somit auch das alte Hochofenwerk. Denn im Gegensatz zur Siedlung, spätestens als 2009 der Kühlturm abgebrochen wurde, hat sich vom Hüttenwerk selbst nichts erhalten – abgesehen von einer kleinen Ausnahme: Die Straße, in der sich der Turm einst befand, trägt heute den Namen „Alter Kühlturm".

„In den 1960er- und 70er-Jahren gab es zunehmend wirtschaftliche Schwierigkeiten, weswegen der Konzern die Mehrheit der Anteile an die US-Steel-Corporation aus Pittsburgh verkaufte."

Annika Stahl

Hier stand das Hochofenwerk:

Die Straße „Alter Kühlturm" an der Trave verweist heute noch auf den ehemaligen Standort im Stadtteil Herrenwyk.

Im Vordergrund: Vor dem Mühlentor wird ein Sarg zum St.-Annen-Kirchhof getragen (um 1779).

St.-Annen-Kirchhof

Letzte Ruhestätte

Heute brausen Autos über die Hüxtertorallee, Spaziergänger genießen den Hermann-Hesse-Park und es herrscht buntes Treiben. „Voller Leben", beschreibt Anja Hagge diesen Bereich im Lübecker Stadtteil St. Jürgen, „doch es war nicht immer so, denn einst fanden dort arme Lübecker Bürger ihre letzte Ruhestätte." Die Mitarbeiterin des St. Annen Museums hat sich während der Erstellung einer neuen Tour für Gäste intensiv mit dem Sterben und dem Tod in Lübeck befasst und ist dabei auch auf den St.-Annen-Kirchhof gestoßen.

Der Park lädt zum Flanieren und Verweilen ein und lässt kaum Gedanken an die die ehemalige Begräbnisstätte aufkommen.

Es ist der 12. Juni 1639, als der Lübecker Rat dem Armenhaus im St. Annen-Kloster das städtische Grundstück vor dem Mühlentor als Friedhof zur Verfügung stellt. „Das Armenhaus entstand bereits Anfang des 17. Jahrhunderts aus ehemaligen Räumlichkeiten der St.-Annen-Klosterkirche“, erklärt Anja Hagge. Nach der Reformation – Lübeck wurde 1531 protestantisch –, wird das Gotteshaus vorübergehend als Lager genutzt, dann wandelt es sich zu einem der ersten Armen- und Werkhäuser nach englischem Vorbild in Deutschland. „Wer von den Armen noch arbeitsfähig war, wurde eben auch angehalten genau dies zu tun“, erklärt sie die Idee hinter der Einrichtung.

Doch viele der Bewohner sind schon älter und verbringen dort ihre letzten Lebensjahre. Wenn sie sich von ihrem irdischen Dasein verabschieden müssen, können sie nach dem Beschluss des Lübecker Rats nun beim Mühlentor begraben werden. „Aber nicht nur die Bewohner des Armenhauses konnten dort bestattet werden“, ergänzt Anja Hagge. „Auch Verstorbene, deren Familien nachweisen konnten, dass sie zu arm waren, um für das Begräbnis ihres Angehörigen aufzukommen, wurden unentgeltlich unter die Erde gebracht." Dabei gelten strenge Regeln: Die Gräber müssen so tief ausgehobenen werden, dass die Särge in mindestens drei Lagen übereinander liegen können, und die Grabstellen dürfen nicht mit Grassoden abgedeckt werden. „Auch die Markierung der Gräber war nicht erlaubt", nennt sie eine weitere Regel. „Lediglich die zuständigen Beamten sowie der Arzt und der Lehrer des Armenhauses, die ebenfalls dort begraben werden konnten, hatten ein Anrecht auf einen Grabstein."

Dafür, dass alles mit rechten Dingen zugeht, sind die sogenannten Prachervögte des Armenhauses zuständig. „Ursprünglich hatten die Prachervögte, die man auch Bettelvögte nannte, das Bettlerwesen zu überwachen", berichtet die Gästeführerin. „Sie mussten dafür Sorge tragen, dass nur verarmte Lübecker in der Hansestadt bettelten." Fremde Bettler sollen von ihnen aufgegriffen und aus der Stadt getrieben werden. Im Laufe der Zeit wird ihr Aufgabengebiet erweitert: Sie sind nun auch für die Armenbegräbnisse verantwortlich. „Sie waren, wenn man so möchte, die ersten Streetworker in Lübeck", fügt Anja Hagge hinzu, „denn sie brachten den Armen, die nicht im Armenhaus lebten, Essen, Kohle und mitunter etwas Geld." Die Prachervögte tragen lange Mäntel und breitkrempige Hüte und laut der Armenhausordnung von 1777 sollen die rotfarbenen Röcke jeweils einen roten und weißen Ärmel besitzen. Wenn sie allerdings in der Stadt auf der Suche nach fremden Bettlern sind oder die Auflagen kontrollieren, sollen sie zivile Kleidung anlegen und nur am Rock verdeckt ein Zeichen des St. Annen-Klosters tragen.

Schon 1697 versorgt die soziale Einrichtung in den Räumlichkeiten des ehemaligen St. Annen-Klosters rund 800 Bedürftige. 1808 reicht der Platz des St.-Annen-Kirchhofs schließlich nicht mehr aus und er wird erweitert. Im Zuge der Erweiterung erhält der Gottesacker ein steinernes Eingangstor im klassizistischen Stil. „Das war das erste Bauwerk überhaupt", erzählt Anja Hagge, „denn bis dahin gab es keinerlei Bauten auf dem Armenfriedhof." Knapp 25 Jahre später verändert sich das Bestattungswesen in Lübeck stark. „Ab 1832 durften keine Beisetzungen mehr innerhalb der Innenstadt auf den Friedhöfen stattfinden", erläutert die Lübeckerin und ergänzt: „Man wollte damit die Bevölkerung vor der Verbreitung von Seuchen schützen." Der Gottesacker des Armenhauses ist hiervon nicht betroffen, da er außerhalb der Stadtinsel vor dem Mühlentor liegt.

Zwei Jahre später verlieren die Prachervögte ihre Pflichten bei den Beerdigungen, 1836 wird ihre Amtstracht abgeschafft, ihre noch verbliebenen Aufgaben werden 1849 auf andere städtische Organe verteilt. Mit dem *Regulativ für die Beerdigung von Armenleichen* vom 30. September 1868 wird „die Beerdigung der Armenleichen aus der Stadt und den Dorfstädten St. Jürgen und St. Gertrud" der Kirchhofs- und Begräbnis-Deputation übertragen. Sie muss sich zukünftig um die letzte Ruhestätte der Mittellosen in Lübeck kümmern: Ein Angestellter übt diese Aufgabe auf dem allgemeinen Gottesacker in der Vorstadt St. Gertrud aus. Mit dem Inkrafttreten der Verordnung gibt es auf dem St.-Annen-Kirchhof keine Bestattungen mehr.

Während des Baus des Elbe-Lübeck-Kanals Ende des 19. Jahrhunderts wird der Friedhof zum Teil mit dem Aushub überformt und zu einer mit Wegen versehenen Parkanlage umgestaltet. Lediglich das steinerne Tor und einige der Grabsteine bleiben zunächst erhalten. Als 1952 der Mühlentorplatz zu einem Kreisverkehr umgebaut wird, muss die bis dahin südlich des Friedhofs verlaufende Hüxtertorallee mitten durch das ehemalige Gelände des Gottesackers verlegt werden. Im Zuge dieser Umbaumaßnahmen werden auch die Grabsteine entfernt. „Nur das steinerne Tor sollte erhalten bleiben", erzählt Anja Hagge, „doch während der Bauarbeiten wird es durch einen gefällten Baum zerstört." Damit verschwand auch das letzte Zeugnis des Armenfriedhofs, auf dem vermutlich auch der Lübecker Ururgroßvater des berühmten Schriftstellers Hermann Hesse (1877-1962), Lorentz Michael Hesse (1726-1764), seine letzte Ruhe fand.

Melanie Kunze

Hier befand sich der St.-Annen-Kirchhof:

Das Gelände des Gottesackers erstreckte sich südlich der Stadtinsel vor dem Mühlentor.

Blick in die Breite Straße. Am rechten Bildrand sind die Schaufenster des Seidenhauses Ritter zu sehen.

Ritter Modelle

Mehr als eine Schneiderei

Meine Damen, meine Herren, ich muss Ihnen leider mitteilen, dass das Unternehmen *Ritter Modelle*, von mir in Nachfolge des Familienunternehmens *Seidenhaus Ritter* gegründet, seine Pforten in Kürze schließen wird", erinnert sich Annette Klockmann an die Worte des Firmengründers Charles Ritter im Jahr 1970, wenige Tage vor ihrer Abschlussprüfung zur Gesellin in der Couture.

Die schockierende Nachricht habe die Angestellten überfallen, schildert die Lübeckerin. Wo heute die Gemeinnützige Sparkassenstif-

Im ehemaligen Seidenhaus Ritter und dem darüber gegründeten Coutoure-Atelier befindet sich heute die Gemeinnützige Sparkassenstiftung.

tung zu Lübeck hinter klassizistischer Fassade ihren Sitz hat, fanden sich im ersten Obergeschoss des Hauses in zwei prächtig ausgestatteten Salons die Mitarbeitenden ein. „Dort, wo normalerweise Stoffkollektionen präsentiert und Kundinnen empfangen wurden, Entwürfe entstanden und Anproben stattfanden, schlicht: Dort, wo das Herz des Couture-Hauses schlug, herrschte auf einmal Totenstille." Zweimal im Jahr, fährt die Kunst- und Kulturvermittlerin fort, habe hier kreative Hochstimmung geherrscht. „Und nun sollte alles zu Ende und vorbei sein?", erinnert sie sich. So sollte es kommen: Vier Jahre später stirbt Charles Ritter an den Folgen einer Krankheit, von der die Öffentlichkeit bis dahin keine Kenntnis hatte. „Als sei sein Tod ein düsteres Vorzeichen gewesen", fährt Annette Klockmann fort, „begann in dieser Zeit der Untergang des Haute Couture mit dem Aufkommen des Prêt-à-porter, also der Konfektionskleidung namhafter Couturiers."

Wenn auch die Fassade des im Jahr 1800 erbauten Hauses in den oberen Stockwerken fast unverändert blieb, ist es schwer, sich vorzustellen, dass sich im Erdgeschoss – nach der *Posamentenmanufaktur Ritter* aus dem Jahr 1801 – bis in die 1950er-Jahre das feine *Seidenhaus Ritter* befand. Mit seinen damals großen Fenstern lud es dazu ein, neben hochfeinen Stoffen auch kleine Kostbarkeiten an Knöpfen, Spitzen, Federn, Perlen sowie die passenden Seidengarne zu erwerben. Im ersten Obergeschoss hingegen erlebte das Atelier ab dem Gründungsjahr 1948 eine Blütezeit.

„Charles Ritter und sein Couture-Atelier *Ritter Modelle* genossen schnell den besten Ruf in der Welt der Schönen und Reichen, die sich nach dem Krieg wieder Besonderes leisten konnten – und wollten", fährt Annette Klockmann fort. „Große Couture-Kollektionen werden meist an prominenten Orten präsentiert, oft waren es berühmte Hotels wie das *Atlantic* und *Vier Jahreszeiten* in Hamburg." Kein Wunder, denn der Fertigungsaufwand sei enorm, jeder Arbeitsschritt durch Handarbeit bestimmt. „Techniken, die sich teilweise seit Barockzeiten nicht verändert haben, scheinen Unmögliches möglich zu machen: beispielsweise ein Revers, das immer seine Formgebung bewahrt – auch wenn es lange flach gedrückt im Koffer gelegen hat." Diese Zauberei habe ihren Preis, denn Couture geht weit über das einfache Schneidern hinaus. Um als Haute Couture zu gelten, merkt die Lübeckerin an, müssten unter anderem jährlich zwei Kollektionen mit einer genau definierten Anzahl von Modellen präsentiert werden. Weil er diesem Zwang entgehen wollte, habe Charles Ritter ein Couture-Atelier betrieben.

Als Annette Klockmann 1967 ihre Ausbildung beginnt, taucht die junge Lübeckerin in eine komplett andere Welt ein. Sie durchläuft verschiedene Ateliers, in denen Kostüme, Kleider und Blusen, Mäntel, Hüte und Pelze gefertigt werden. „Insbesondere die bodenlangen, unfassbar teuren Chinchilla-Pelze waren ein Traum: Warf man sie in die Luft, segelten sie einer Feder gleich zu Boden", schwärmt die Lübeckerin. Entsprechend habe sich der Kundenkreis für solchen Luxus aus der Geschäftswelt sowie Industriellen, Schauspielstars und Wohlhabenden oder Mitgliedern alter Adelsfamilien zusammengesetzt. „So unterschiedlich sie auch sein mochten, alle besaßen gut gefüllte Bankkonten, um für ein Kleidungsstück zu zahlen, dessen Vollkommenheit sich unter anderem dadurch auszeichnete, dass es beim Tragen kaum zu spüren war und wie eine ‚zweite Haut' zur Trägerin gehörte."

Nicht ohne Grund ist das Know-how der „gehobenen Schneiderei" begehrt – nicht nur in der Modebranche: „Wenn ich beispielsweise eine Schnürtaille aus Barockzeiten in die Hand nehme, weiß ich, welche Techniken zur Formgebung angewandt wurden", merkt Annette Klockmann an. Diese Kenntnisse hätten sie zu textilrestauratorischer Arbeit befähigt und sie bei ihren Aufgaben als Kunst- und Kulturvermittlerin unterstützt, als das St. Annen-Museum zu Lübeck 2018 eine Ausstellung zum Thema Haute Couture präsentierte. Das Museum verfüge außerdem über eine eigene Textilsammlung. Viele Häuser – und auch Kostümwerkstätten der Theater – würden immer wieder handwerklich ausgebildete Fachkräfte suchen, die mit den Techniken der Couture vertraut sind.

Die Lübeckerin ist froh, diesen Weg eingeschlagen zu haben. Der Einstieg in die Couture in einem renommierten Haus wie dem der *Ritter Modelle* sei eine einmalige Chance gewesen. „Sogar meine Eltern willigten damals ein, denn das Abitur hätte ich auch ein paar Jahre später machen können – die Ausbildung vielleicht nicht." Und es sollte sich bewahrheiten: Zum Ende Ihrer Ausbildung kündigt Charles Ritter die Schließung des Ateliers in der Breiten Straße zu Lübeck an: Und damit endet ein bedeutendes Stück Modegeschichte.

Annika Stahl

Hier war das Atelier:

Das Haus „Ritter Modelle" befand sich in dem Bau mit spätklassizistischer Fassade in der Breiten Straße 26, in dem die Gemeinnützige Sparkassenstiftung zu Lübeck ihren Sitz hat. Die einstige große Glasfront musste dabei drei parallel angeordneten Fenstern weichen.

Im Vordergrund ist der als Lungenheilanstalt genutzte Bereich des Baracken-lazaretts und im Hintergrund die Villa Eschenburg zu sehen.

Barackenlazarett

Das Größte seiner Art

Gavrilo Princip (1894-1918) löst mit den Schüssen auf das österreichische Thronfolgerpaar eine unheilvolle Kaskade von Ereignissen aus, die schließlich zum Ersten Weltkrieg führen. Die anfängliche Euphorie weicht schnell dem Grauen des Krieges: Todes- und Verletztenmeldungen bringen die Schrecken der Front auch nach Lübeck. Um die Verwundeten bestmöglich zu versorgen und die Krankenlager an der vordersten Kampflinie zu entlasten, werden Lazarette – *viele* Lazarette – benötigt. Deshalb wird in Lübeck der Beschluss gefasst, auf dem Burgfeld nördlich

Die Villa Eschenburg – in der mittlerweile das Brahms-Institut untergebracht ist – wird nicht mehr von den Holzbaracken verdeckt.

der Altstadt ein großes Militärhospital zu errichten. „Der Platz drängte sich für diese Aufgabe nahezu auf“, erläutert Dagmar Nieselt, Schulsekretärin im Ruhestand. „Das Burgfeld, das sich damals längs der Israelsdorfer Allee bis zur Adolfstraße erstreckte, wurde bereits seit 1852 als Festplatz genutzt und auch der eine oder andere Zirkus gastierte dort.“

„Das Burgfeld, das sich damals längs der Israelsdorfer Allee bis zur Adolfstraße erstreckte, wurde bereits seit 1852 als Festplatz genutzt und auch der eine oder andere Zirkus gastierte dort.“

Mitte August 1914 – der Krieg tobt gerade mal zwei Wochen –, kommen die ersten Verwundeten nach Lübeck. „Zunächst verteilte man sie auf die verschiedenen Krankenhäuser“, schildert die Lübeckerin. „Schon wenige Tage später stellte der Senat der Hansestadt dem Garnisonslazarett des IX. Armee-Korps aus Altona zwei Schulen und ein Konzerthaus zur Verfügung.“ Und schon Ende August 1914 muss der Senat das Burgfeld für die Unterbringung weiterer Verwundeter bereitstellen. In den *Vaterstädtischen Blättern* vom 18. Oktober 1914 steht, dass auf dem Burgfeld „38 Baracken [...] nebst verschiedenen Nebengebäuden wie Verwaltungsgebäude, Küchen, Leichenbaracke usw." gebaut wurden. „Die Baracken sind alle aus Holz gebaut, für eine bequeme Lüftung derselben ist Vorsorge getroffen worden. In jeder Baracke werden 30 eiserne Betten untergebracht." Auch sei jede Einheit mit Badeeinrichtungen ausgestattet.

Blick auf das Barackenlazarett während der Bauphase.

„Für die perfekte Anbindung war auch gesorgt", berichtet Dagmar Nieselt, „das Barackenlazarett hatte einen eigenen Straßenbahnanschluss." Um die Verwundeten schonend transportieren zu können, baute die Lübecker Straßenbahn ihre „Fischwagen" um. „Diese Fischwagen hatte das Verkehrsunternehmen erst Anfang 1914 für den Transport der Schlutuper Fischfrauen samt ihren Fischkörben umgebaut", erklärt sie. Und da diese beiden Wagen bereits über einen Mitteleinstieg und Längsbänke verfügen, bieten sie sich somit auch für den Krankentransport an. „Die Sitzbänke wurden einfach entfernt und durch Gestelle für Tragen ersetzt", schildert Dagmar Nieselt das pragmatische Vorgehen.

Geleitet wird das Barackenlager vom Lübecker Oberstabsarzt der Reserve Eugen Adolf Plessing (1857-1921). Der erfahrene Mediziner, der mehrere Jahre als Assistenz- und Stationsarzt an der Chirurgischen Klinik in Leipzig gearbeitet hatte, muss sich schon bald gemeinsam mit der Lübecker Sanitätskolonne und den Schwestern des Deutschen Roten Kreuzes um 800 Verwundete kümmern.

Ankunft von Verwundeten im Barackenlazarett.

Neben der medizinischen Versorgung der Verletzten wird auch für etwas Ablenkung gesorgt. Wer sich bereits einigermaßen von seinen Verwundungen erholt hat, darf die Baracke mit Genehmigung des zuständigen Arztes verlassen und auch in den sogenannten „Tagesraum" gehen. Nach einem Aufruf in der Lokalpresse wird dieser „durch die Liebestätigkeit zahlreicher Lübecker Familien zu einer sehr freundlichen und wohnlichen" Aufenthaltsmöglichkeit umgestaltet. Weiter steht in der Ausgabe der *Vaterstädtischen Blätter* vom 17. Januar 1915: „Sofas und Stühle der verschiedensten Art, wie Lehnstühle, Schaukelstühle usw., bieten bequeme Sitzgelegenheit. Der Fußboden ist mit Teppichen belegt, die Wände sind mit Bildern, Fahnentuch und kleinen Fähnchen geschmückt [...]." Zusätzlich gibt es dort Tische und Schreibutensilien sowie mehrere Schränke mit Büchern und Zeitschriften. Selbst ein Klavier und ein Harmonium haben Platz gefunden. „Und für diejenigen, die nicht selbst musizieren wollten, gab es ein Grammophon sowie Musikapparate", ergänzt Dagmar Nieselt zur Ausstattung des Tagesraums.

Neben der reinen Unterhaltung gibt es für die Rekonvaleszenten, die bald nach Hause entlassen oder zurück an die Front geschickt werden, auch Werkstätten zum Zeitvertreib. „Der Nutzen dieser Einrichtung liegt auf der Hand: Die infolge eines Schulter-, Arm- oder Handschusses oft sich einstellende Muskelschwäche der verletzten Glieder wird durch emsige Betätigung der Glieder gebessert und oft wieder völlig behoben", schreiben die *Vaterstädtischen Blätter* am 9. Januar 1916 über den vom Lübecker Landes-Ausschuß für Kriegsverletzte neu geschaffenen Bereich des Barackenlazaretts. Abgesehen von einer Buchbinderei – die sich um die Bücher des Bibliotheksbestands kümmert –, gibt es auch eine Schlosserei sowie eine Tischlerei und Schuhmacherei. Die Schmiedewerkstatt macht sich laut dem Bericht der *Vaterstädtischen Blätter* „besonders verdient durch die Herstellung der ‚Ersatz-Füße', auf denen die Feldgrauen [Soldaten], die ein Bein verloren haben, ihre ersten Gehversuche machen". Obendrein kümmert sich eine Schneiderei um die Wäsche und Bekleidung der Verwundeten. Später kommt eine Schnitzerei dazu, die das reichhaltige Angebot zur Ertüchtigung kriegsversehrter Handwerker ergänzt.

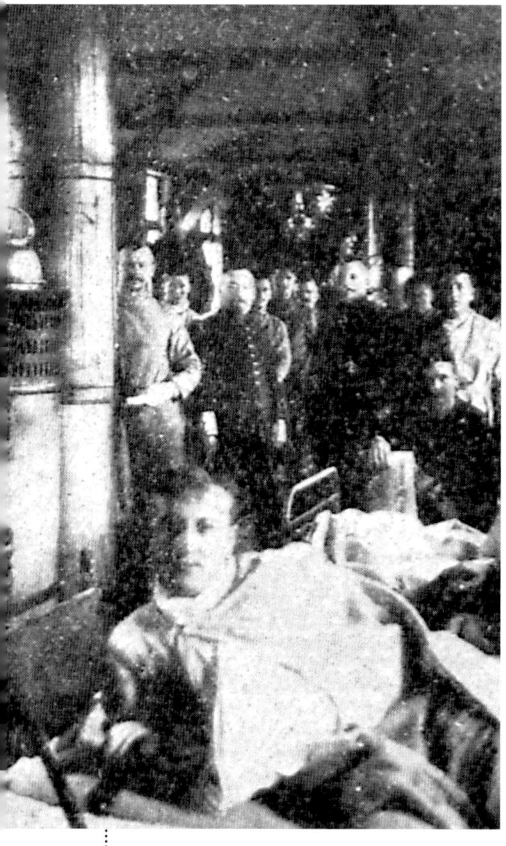

Blick in eine der Baracken mit Verwundeten und Pflegepersonal.

„In Spitzenzeiten wurden bis zu 1.000 Verwundete versorgt", berichtet die Lübeckerin.

Nach dem Ende des Ersten Weltkriegs werden noch die letzten Verwundeten behandelt, ehe das Militärlazarett 1919 ausgedient hat und die Baracken in den Besitz der Stadt übergehen. Wie 1914 vor dem Bau geplant, wird mit dem Abriss begonnen – doch dieser wird unterbrochen. „Es herrschte eine so große Wohnungsnot", erklärt Dagmar Nieselt, „dass man die Baracken, die am Rand des Burgfelds standen, zu gut 100 Wohnungen umbaute.“ Sie dienen zunächst mehrheitlich Flüchtlingen aus Polen und Schlesien als Unterkunft.

Mit der Zeit wird auch dieser neu gewonnene Wohnraum abgerissen. Der endgültige Abbau der letzten verbliebenen Wohnbaracken ist für das Jahr 1939 geplant, durch den Ausbruch des Zweiten Weltkriegs wird er jedoch nicht umgesetzt. Als dieser Krieg endet, herrscht erneut Knappheit am Wohnungsmarkt: Der endgültige Abriss erfolgt somit erst im Rahmen des Barackenräumungsprogramms in den 1950er-Jahren. Und damit werden die letzten Spuren des Barackenlagers beseitigt, das wohl das größte innerhalb des Deutsches Reiches war und als stummer Zeitzeuge an die Schrecken des Ersten Weltkriegs gemahnt hatte.

„Es herrschte eine so große Wohnungsnot, dass man die Baracken, die am Rand des Burgfelds standen, zu gut 100 Wohnungen umbaute.“

1963 ist aus dem Burgfeld der Gustav-Radbruch-Platz geworden, seitdem fließt der Lübecker Stadtverkehr über das ehemalige Gelände des Militärlazaretts.

Melanie Kunze

Hier stand das Barackenlazarett:

Die Krankenanstalt wurde auf dem Burgfeld außerhalb der Lübecker Altstadt hinter dem Burgtor errichtet.

Fleischhauerstraße zur Ecke Königstraße auf einer Aufnahme aus den 1970er-Jahren.

Münzhaus

Von Pfennigen, Gulden und Talern

„Wer den Pfennig nicht ehrt, ist des Talers nicht wert", lautet das bekannte Sprichwort im Volksmund. In Lübeck müsste es allerdings – zumindest vor dem 16. Jahrhundert – heißen: „Wer den Pfennig nicht ehrt, ist des Guldens nicht wert." Schließlich ist ab 1341 diese aus Gold gefertigte Münze die wertvollere Einheit – vor der Einführung des Talers einige Jahrhunderte später. Bei den über 35 verschiedenen Münzeinheiten, die in der Hansestadt bis in das Jahr 1801 geprägt werden, kann allerdings schon mal Verwirrung aufkommen. Sicher ist jedenfalls, dass

Der Standort ist durch die Jahrhunderte hindurch mit dem Thema Geld verknüpft.

der Pfennig die erste in der Stadt geprägte Münze ist – und das bereits seit dem Jahr 1159!

„Wo genau sich die erste Münzstätte befand, ist unklar“, erklärt der Sören Gehrken und fährt fort: „Vermutlich in der Nähe des Marktes, wo damit gehandelt wurde.“ Der letzte bekannte Standort war das Eckgebäude in der Fleischhauerstraße. Und diese Ecke – heute sind dort Geschäfte –, hatte schon immer mit Geld zu tun: Seit dem 14. Jahrhundert befand sich an dieser Stelle das Münzhaus, in dem Metall geprägt und in Zahlungsmittel umgewandelt wurde. Mit Beginn des 19. Jahrhunderts diente das Gebäude der Verwaltung des Geldes, denn das „Stadthaus“ beherbergte das Finanzdepartement. Bis auf den Grundriss des Münzhauses haben sich allerdings keine Darstellungen des Gebäudes erhalten, denn 1826 wurde das Stadthaus umgebaut und wich im Jahr 1908 einem Neubau für das Finanzamt.

Von der Geschichte der Münzstätte hingegen ist einiges bekannt: „Nach dem Wiederaufbau der Stadt Lübeck durch Heinrich den

Löwen ließ er in diesem Zusammenhang eine herzogliche Münze einrichten", erklärt Sören Gehrken. Es ist die erste Münzstätte Heinrichs (gest. 1195) nördlich der Elbe und sollte künftig zur regionalen Verwendung dienen. In der neuen Einrichtung wird zunächst der Pfennig aus Silber geprägt. „In Lübeck gibt es keine Silbervorkommen, daher wurde das Material importiert", merkt Sören Gehrken an, der Mitglied im Verein „Hansevolk zu Lübeck" ist, „reiche Vorkommen existieren hingegen in Tirol, Böhmen, Sachsen und Ungarn."

Mit der Erhebung zur Freien Reichsstadt im Jahr 1226 durch Kaiser Friedrich II. (1194-1250) und mit der wiedergewonnenen Unabhängigkeit vom dänischen Königreich infolge des Sieges in der Schlacht bei Bornhöved 1227 erhält Lübeck das uneingeschränkte Münzrecht – eine für die Hansestadt, die vom Fernhandel abhängig ist, sehr wichtige Neuerung. Nur so ist es den Bürgern möglich, entsprechend ihren eigenen, der jeweiligen wirtschaftlichen Situation angepassten Vorstellungen Geld zu prägen.

„1329 erwarb der Rat das Haus in der Breiten Straße und nutzte es für die Münzstätte", fährt Sören Gehrken fort. Doch die als „Alte Münze" bekannte Stätte sei dort nicht lange verblieben: „Die ‚Neue Münze' wurde 1367 auf das Eckgrundstück in der Fleischhauerstraße verlegt." An diesem Standort wird die Einrichtung für über 400 Jahre bestehen. Der Umzug war aus Platzgründen notwendig geworden, denn Lübeck erhält 1340 als erste deutsche Stadt von Kaiser Ludwig dem Bayern (1282/1286-1347) das Recht zum Herstellen von Goldmünzen – und nun wird er hier geprägt: der Gulden. Ein enormer Vorteil, weil dieses Zahlungsmittel im Gegensatz zu Silbermünzen überall angenommen wird.

Kontrolliert wird die Münzwerkstatt von vier Mitgliedern des Rates, den Münzherren, wie Rolf Hammel-Kiesow im Ausstellungsband *Silber, Gold und Hansehandel* schreibt. Die Produktion übernimmt dabei der Münzmeister: Im Fall von Silbermünzen reichert er das eingekaufte Edelmetall, das ihm mit unterschiedlichem Feingehalt vorliegt, im Feinbrennofen zu „lötigem Silber" an. Danach wird das flüssige Metall in Platten oder Streifen gegossen und erhält durch Hämmern – später durch Walzen – die beabsichtigte Stärke. Mithilfe einer Schere – ab dem 16. Jahrhundert durch Stanzen – werden

„Schrötlinge" aus den Münzplatten herausgeschnitten. Eine Lauge, der die Stücke ihren charakteristischen Glanz zu verdanken haben, löst im nächsten Schritt die Unreinheiten. Die Prägung erfolgte zu Beginn mit einem Hammer, später mithilfe eines Spindelwerks, bei dem die Oberflächen durch einen kräftigen Stoß ihre Prägung erhalten. Zuletzt wird die Münze auf Gewicht und Edelmetallgehalt geprüft.

Doch nicht alle Arbeitsschritte geschehen im Münzhaus: „Die Schmelzöfen befanden sich zunächst außerhalb der Stadt", merkt Sören Gehrken an. Zumindest bis ins Jahr 1522 – denn in dieser Zeit beschwert sich ein Nachbar der Münzstätte über den dort neu gebauten Ofen, der nicht nur eine erhebliche Feuergefahr darstelle, sondern auch für giftigen Rauch sorge. Zum Leidwesen des Nachbarn verbleibt der Schmelzofen jedoch im Inneren des Hauses, wie der überlieferte Grundriss der Münzstätte aus dem 18. Jahrhundert andeutet. Und damit müssen sich die Anwohner scheinbar auch noch wesentlich länger abfinden: „Das Münzhaus bestand bis zum Ende der eigenständigen Münzprägung im Jahr 1801", erklärt Sören Gehrken weiter. Wenige Jahre später verkauft die Stadt das Haus und die darin befindlichen Geräte. Es folgt die Nutzung als Stadthaus mit Finanzdepartement, das 1826 umgebaut wird und 1908 dem Neubau für das Finanzamt weichen muss. Und in diesem Fall heißt es bekanntlich: „Geld ist etwas, das nur kurz in der Tasche Halt macht – auf dem Weg zum Finanzamt." Egal, ob Pfennig, Gulden, Taler – oder Euro.

Annika Stahl

Hier stand das Münzhaus:

Die Münzstätte befand sich in der Fleischhauerstraße 20 an der Ecke zur Königstraße. Heute steht dort der Bau von 1908, in dem sich früher das Finanzamt befand und der heute unter anderem einen großen Buchladen beherbergt.

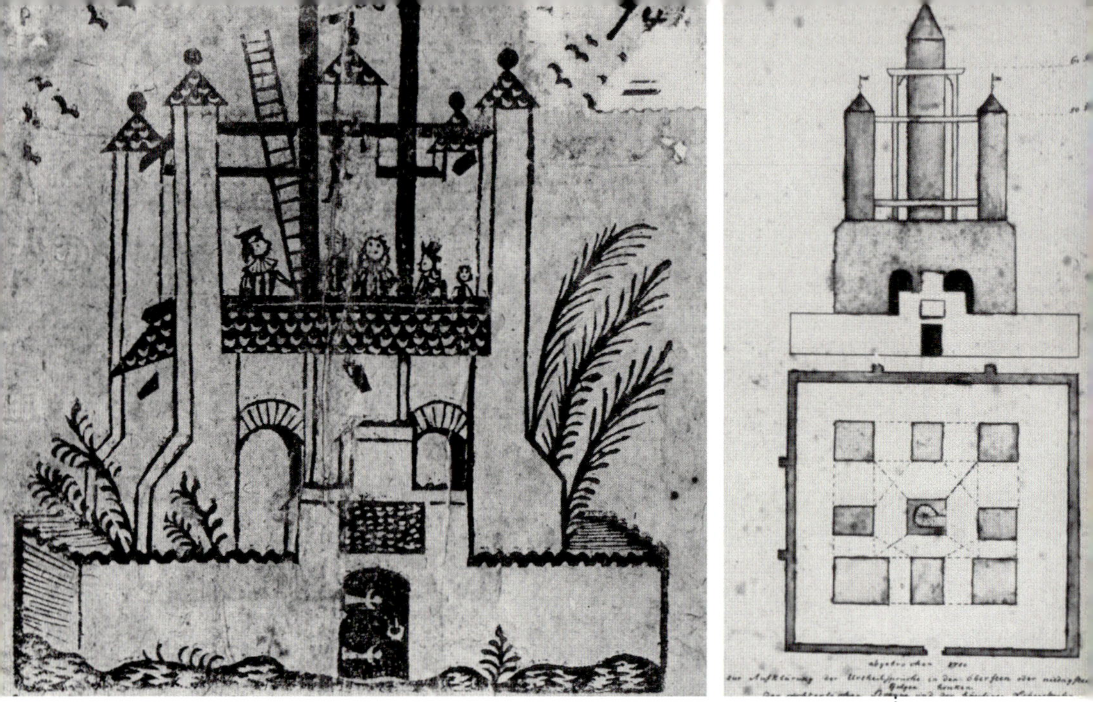

Mittelalterlicher Galgen in Lübeck, ausgeführt als Backsteinbau mit fünf Türmen (links). Der Grundriss des Galgens (rechts).

Galgen

Brettschlagen

Heute erinnern – zum Glück – nur noch alte Flurbezeichnungen an jenen grausigen Hinrichtungsort vor dem Burgtor nahe der Travemünder Allee: „Köpfelberg", „Gallwisch" und „Gallwiesen". „Der Lübecker Galgen war im Mittelalter und der Frühen Neuzeit allerdings kein einfaches Holzgestell, sondern ein gemauertes Gebäude mit einem mehrstufigen, turmbewehrten Aufbau mit hölzernen Galgen auf drei verschiedenen Ebenen", schreibt Hendrick Thoenneßen in seinem Buch *Scharfrichter und Abdecker in der Reichs- und Hansestadt Lübeck in der Frühen*

Nur noch die Straßennamen Am Köpfelberg, Gallwisch und Gallwiesen erinnern an die einst an dieser Stelle vollstreckten Todesurteile.

Neuzeit. „Die unterschiedlichen Höhen der Galgen waren durchaus gewollt", erklärt Doris Mührenberg, „denn damit wurde eine weitere Abstufung der Bestrafung erreicht. Je höher der Galgen – desto schwerwiegender das Verbrechen und die damit verbundene Strafe." Denn die damit verbundene Entehrung des Gehenkten wurde auf diese Weise verstärkt.

In einer Urkunde aus den Jahren 1220-1226 wird erstmals ein Scharfrichter in Lübeck erwähnt, allerdings noch mit seiner lateinischen Bezeichnung *praeco*. „Am geläufigsten war aber im Mittelniederdeutschen die Bezeichnung *Fron* neben *Scharfrichter*", erläutert die Archäologin. Aus Unterlagen aus dem 15. Jahrhundert geht hervor, dass es in Lübeck zwei Fronmeister gibt. Diese beschäftigen wiederum jeweils zwei Knechte.

„Die Frone waren in Lübeck als städtische Diener im Auftrag des Rates und des Gerichtes für den Strafvollzug tätig", schreibt Thoennefsen. Zu ihren Aufgaben gehört neben Hinrichtungen und Leibstrafen auch die Folter. Zusätzlich übernehmen sie auch rein kommunale Verpflichtungen, wie zum Beispiel das öffentliche Bekanntmachen von Beschlüssen des Rats. Der Fron ist dem Gericht unterstellt und für die Ladung der Beschuldigten zuständig, weshalb man ihn auch Citierknechte nennt. Der Fron oder seine Knechte schlagen an einem Brett die Sitzungstermine öffentlich an, was auch Brettschlagen genannt wird. Zusätzlich ist der Fron nicht nur verpflichtet, den Sitzungen des Gerichts beizuwohnen, sondern diese auch zu eröffnen. Dazu muss er auf den Stein vor dem Niedergericht treten und das Folgende ausrufen: „Hefft dar jemantt tho klagende, de klage vaste." Übersetzt bedeutet das: Hat da jemand zu klagen, der klage schnell.

Zwischen 1371 und 1460 listet das *Libri confessionalium et condemnatorem* der Stadt Lübeck 411 Hinrichtungen auf. In den folgenden rund 120 Jahren wurden 252 Personen mit dem Tod durch Schwert, Rad, Galgen oder Feuer bestraft. „Fasst man beide Zeitrahmen zusammen, sind das in etwa drei Hinrichtungen pro Jahr, was auch dem Durchschnitt anderer Städte entspricht", erklärt Doris Mührenberg. „Frauen wurden anfangs meist nicht am Galgen gehängt, sondern ‚lebendig begraben'", zeigt die Archäologin Unterschiede bei den Hinrichtungen auf. Bei dieser Bestrafungsart habe sich die verurteilte Person auf dem Rücken in ein offenes Grab legen müssen, welches oftmals noch mit Dornen oder glühenden Kohlen gefüllt wurde. „Dann wurde die Person mit Erde bedeckt und ein Pfahl durch die begrabene Person getrieben", erläutert Henrick Thoenneßen die Vorgehensweise bei dieser Hinrichtungsart, „die gesamte Prozedur wurde meist unter dem Galgen vollzogen, wobei gerade das Vergraben unter dem Galgen als besonders unehrenhafte Todes- und zugleich Begräbnisart galt." Dass diese Art der Hinrichtung überwiegend Frauen traf, fußt bereits auf dem alten lübischen Recht. „Denn man machte sich Sorgen um die öffentliche Zucht und Ordnung, wenn man Frauen an Galgen hängen würde", erklärt die Lübeckerin. Ende des 16. Jahrhunderts bestrafte man Frauen wegen Diebstahls nicht mehr durch ‚lebendig begraben werden', sondern richtete sie mit dem Schwert.

Die Bezeichnung „Galgen" für die Hinrichtungsstätte ist abgeleitet vom nordischen Wort *Gagl*, was in etwa Ast bedeutet. „Ursprünglich wurde in der vormittelalterlichen Zeit an einem Baum, vorzugsweise an einer Eiche gehenkt", stellt Doris Mührenberg den Bezug zum Begriff „Galgen" her. „Das Henken am Galgen war nicht nur die am häufigsten durchgeführte Strafe, sie galt auch als die am stärksten entehrende Strafe", schreibt Thoenneßen. Denn durch Henken sei nicht nur der Verurteilte, sondern auch seine ganze Familie entehrt worden. „Das lag daran", erläutert die Archäologin, „dass der Leichnam nicht abgenommen werden durfte und dieser dann der Witterung, Verwesung und den Raubvögeln ausgesetzt war." Obendrein durfte die Familie den Verstorbenen nicht ordentlich begraben, womit man dem Delinquenten auch den Ewigen Frieden verwehrte.

Im 18. Jahrhundert wird der Galgen mehrfach renoviert, aber auch teilweise rückgebaut. 1794 wird schließlich der hölzerne Anteil im Zuge einer Zusammenlegung der Hinrichtungsstätten auf den Radeberg verlegt. Doch hat er dort keinen Bestand, denn bereits 1811 wird er – ebenso wie übrigen Hoheitszeichen der Gerichtsbarkeit – durch die französischen Besatzer abgerissen. „Da die Hinrichtung mit dem Strang im 19. Jahrhundert nicht mehr als zeitgemäß angesehen wurde, erfolgte kein Neubau mehr. Anstelle des Henkens richtete man jetzt mit dem Schwert", fasst Doris Mührenberg zusammen.

„Da die Hinrichtung mit dem Strang im 19. Jahrhundert nicht mehr als zeitgemäß angesehen wurde, erfolgte kein Neubau mehr."

Damit verschwand ein wahrhaft schauerliches Relikt aus der Hansestadt, das Furcht und Schrecken verbreitet hatte. Umso schöner, dass dort ein Park geschaffen wurde, in dem heute Erholung und Entspannung im Vordergrund stehen.

Melanie Kunze

Hier stand der Galgen:

Die Hinrichtungsstätte stand vor dem Burgtor in der Nähe der Travemünder Allee.

Die Anfänge des Lübecker Johanniskloster waren alles andere als „züchtig", weshalb die Mönche das Kloster verlassen mussten.

Johanniskloster

Wer ohne Sünde ist, …

Die Mönche aus dem St.-Aegidien-Kloster in Braunschweig, die in die Hansestadt entsendet werden, scheinen nicht die Frommsten zu sein. In Lübeck sollen die Benediktiner den neuen Stamm an Geistlichen für das zuvor am Ufer der Wakenitz gegründete St.-Johannis-Kloster bilden. Dessen Grundsteinlegung erfolgte im Jahr 1177 auf Geheiß von Bischof Heinrich I. (gest. 1182), der selbst aus dem Braunschweiger Kloster stammte, wie der erste Abt des Konvents in seiner *Slawenchronik* festhält. „Die Männer, die geschickt wurden, wollte das Braun-

Der Blick in dieselbe Richtung zeigt, welche Gebäudereste heute noch erhalten sind – und was verloren ist.

schweiger Kloster offensichtlich loswerden“, erklärt Fotograf Olaf Pokorny. Die nachfolgenden Ereignisse legen nämlich nahe, dass die Ankömmlinge nicht sehr tugendhaft waren.

„Das Johanniskloster war zeitweise ein Doppelkloster“, führt der Fotograf aus. „Das heißt, nicht nur Mönche fanden dort ein neues Zuhause, sondern auch Nonnen.“ Aus heutiger Sicht ist nicht zu klären, ob der Bau schon von Beginn an für beide Geschlechter ausgelegt war, aber es spielt auch keine Rolle. Vielmehr geht es um die Folgen, die sich daraus ergaben, dass die Mönche gemeinsam mit den Nonnen unter einem Dach leben … Somit dauert es nicht lange, bis der Ruf der Ankömmlinge in Lübeck ruiniert ist: Offensichtlich fehle es den Mönchen an kirchlicher Zucht, so die Meinung in der Bevölkerung.

„Zu dieser Zeit ging nicht jeder freiwillig ins Kloster“, erläutert Olaf Pokorny. „Vor allem zweit- und drittgeborene Söhne, die in der Erbfolge oft unberücksichtigt blieben, sowie unverheiratet gebliebene Töchter schickte man ins Kloster, damit sie bis an ihr Lebensende versorgt waren. Was wiederum ihr lasterhaftes Verhalten erklären könnte. Schnell wird jedenfalls klar, dass dem Treiben der Mönche ein Ende gemacht werden muss. Daher sollen die Plätze der Nonnen künftig nicht mehr besetzt werden: keine Nonnen im Haus, keine unzüchtigen Mönche. Das ist zumindest der Plan. Doch Lübeck ist voller Versuchungen und auch dieses Vorgehen scheitert: „Der Chronist Hinrich Rehbein hat die Gerüchte über die Unzucht der Mönche schriftlich festgehalten", sagt der Geschichtsinteressierte und zitiert, die Mönche hätten „die über die lange Abwesenheit ihrer Eheherren trauernden Schifferfrauen gar zu liebevoll getröstet".

Das bringt das Fass zum Überlaufen. Die Mönche werden daher ab 1231 nach Cismar, einem kleinen Ort in Ostholstein, umgesiedelt. Nachdem Graf Adolf IV. (vor 1205-1261) dem Orden dort seinen Besitz vermacht hatte, bietet es einen idealen Standort: Die Mönche sind weitab von den Verlockungen der großen Stadt und können gleichzeitig das Land bewirtschaften. Die Männer sind alles andere als begeistert, doch ihr Widerspruch bleibt zwecklos, eine Rückkehr wird ihnen 1256 sogar vom Papst versagt. „So entstand das Kloster in Cismar", sagt der Fotograf, „dessen Bau bis heute dort existiert."

Nachdem die Mönche das Johanniskloster in Lübeck verlassen haben, wird dieses mit Zisterziensernonnen neu besetzt. In den frommen Händen dieser unverheirateten Bürgertöchter entwickelt sich der Konvent gut, der Grundbesitz erweitert sich stetig und auch der Bau schreitet voran: Im Norden befinden sich nun Gärten, im Zentrum die Kirche, südlich schließen sich die klostereigenen Ställe und Wirtschaftsgebäude an. Das Kloster wird schließlich so bedeutend, dass es ab 1517 unter dem Schutz Kaiser Karls V. (1500-1558) steht. Daher wird es im Zuge der Reformation – im Gegensatz zu den anderen Klöstern Lübecks – nicht aufgelöst. Dennoch, die Dinge ändern sich auch für die Nonnen: Nun wird dem lutherischen Glauben entsprechend gelebt. Der Rat der Stadt besitzt außerdem viel Mitspracherecht: „Ab 1574 bestimmte die neuerdings vom Rat eingesetzte Äbtissin statt der Nonnen nun 24 Konventualinnen, die gewisse Voraussetzungen erfüllen mussten", erklärt Olaf Pokorny. „Die Frauen durften keine unehelichen Töchter sein, benötigten einen tadellosen Ruf und mussten zudem ein Probejahr im Kloster bestehen", listet er die Bestimmungen auf. Ein Mindestalter von 27 Jahren sei ebenfalls notwendig gewesen, merkt er an, wobei die meisten Nonnen ohnehin erst in höherem Alter ins Kloster eingetreten seien: „Viele versuchten noch unter die Haube zu kommen, statt direkt ins Kloster zu gehen." Nach der Reformation wächst das Kloster weiter, es besitzt später 13 Güter mit ihren Dörfern.

Erst im Jahr 1803 werden im Zuge der Säkularisation mit Erlass des neuen Reichsgesetzes den Landesherren – in der Freien Reichsstadt Lübeck also der Stadt – alle Klostergüter überwiesen. Kurze Zeit später beginnt der Umbau des Klosters, um neue Wohnverhältnisse zu schaffen. Die Baumaßnahmen setzen sich bis ins 20. Jahrhundert fort und führen schließlich zum heutigen Stadtbild: Im Süden entsteht der Schulneubau „Johanneum", im Norden das „St. Johannis-Jungfrauenstift", das noch immer – ganz im Sinne der Klostertradition – bedürftige, alleinstehende Damen über 50 aufnimmt. Getrennt sind die beiden Bauten durch die Dr.-Julius-Leber-Straße, die im Zuge dessen bis an die Kanalstraße an der Wakenitz verlängert wird.

Abgesehen vom Refektorium, dem einstigen Speisesaal, hat sich vom mittelalterlichen Klosterbau nichts erhalten. Dieses Gebäude ist heute Bestandteil des Johanneums. „Übrigens ist das Johanneum auch das Gymnasium, an dem Altbundeskanzler Willy Brandt sein Abitur abgelegt hat", merkt Olaf Pokorny an, damals habe der Junge noch Herbert Frahm geheißen. Von sündigen Mönchen also keine Spur mehr. Stattdessen stehen auf dem einstigen Klostergelände eine Schule und ein Stift. Und in beiden Einrichtungen verhalten sich natürlich alle stets fromm und tugendhaft – oder etwa nicht?

Annika Stahl

Hier stand das Johanniskloster:

Die Gebäude des Klosters verteilten sich auf dem Areal zwischen der Fleischhauerstraße und der Hundestraße. Nur das mittelalterliche Refektorium hat sich erhalten, das heute vom Gymnasium „Johanneum" genutzt wird.

Das Hinweisschild hing am Weg zum Lübecker Tierpark und lud die Besucher zu einem erlebnisreichen Tag ein.

Tierpark

Retter in der Not

Immer wieder hat Torsten Teichmann, Journalist der *Lübecker Nachrichten*, über den Tierpark in Israelsdorf inmitten eines Vogelschutzgebiets berichtet. Und er war auch an jenem letzten Oktobertag des Jahres 2010 dabei, als sich die Parkbesucher bei strömendem Regen von den Tieren und dem engagierten Ehepaar Lehmensiek verabschiedeten, das lange um den Erhalt gekämpft hatte – und den Kampf am Ende verlor. „Der Parkplatz vor dem Tierpark war voll wie lange nicht mehr. Niemanden scherte der Regen", schildert Teichmann seine Eindrücke. „Eltern mit Kindern, Ehepaare, Men-

Statt einem Wegweiser zum Tierpark findet sich an dieser Stelle jetzt eine Wanderkarte.

schen, die mit dem Tierpark alt geworden sind –, sie alle kamen, um Abschied zu nehmen."

Gegründet wird der Tierpark bereits Anfang der 1950er-Jahre von der Dompteurin Lotte Walther, allerdings zunächst auf einem Gelände am Sandberg. Die 1901 in Dresden geborene Tierärztin tritt, bevor sie in Lübeck heimisch wird, als „Dompteuse Lotte, eine mutige Frau unter Bestien" in verschiedenen Zirkussen mit Löwen auf. Nach dem Ausbruch des Zweiten Weltkriegs kann sie jedoch nicht mehr mit den Großkatzen durch die Lande ziehen, so übernimmt sie erst einmal die Leitung des Tierparks in Asch im Sudetenland. Aber noch während der Kriegsjahre packt die quirlige Dompteurin die Reiselust erneut: Im Anschluss an eine Tournee gründet sie sogar eine Tierschau auf

„Eltern mit Kindern, Ehepaare, Menschen, die mit dem Tierpark alt geworden sind –, sie alle kamen, um Abschied zu nehmen."

Rädern und gastierte damit auch bei verschiedenen Zirkussen. „Als 1950 ihr Engagement beim Zirkus Althoff endete, zog es Lotte Walther mit sieben Zirkuswagen samt Löwen, Bären und einem Wolf in die Hansestadt", berichtet der Lübecker.

Das Guanako wurde am vorletzten Öffnungstag des Tierparks fotografiert.

Bereits im November 1950 eröffnet sie ihren Tierpark in der Hansestadt – mit dabei sind sieben Löwen, drei Bären, ein Wolf, zwei Silberfüchse, acht Pferde, drei Ponys, vier Esel, drei Affen sowie diverse Hunde, Gänse und Hühner. Laut einem Zeitungsbericht sind die Bürger begeistert, während der Senat der Stadt Lübeck eher misstrauisch reagiert: Die hohen Herren befürchten, Zuschüsse leisten zu müssen. „Im April 1952 zog die gebürtige Dresdnerin mit ihren Tieren auf das Gelände in Isrealsdorf um", fährt der Journalist fort. Das Gelände hat die Dompteurin für zunächst zehn Jahre von der Stadt gepachtet.

Knapp drei Jahre später – im März 1955 – hält eine Hamburgerin in ihrem Cadillac vor dem Tierpark an und übergibt der verdutzten Tierparkbetreiberin eine einjährige Löwin: Der Besitzerin der jungen Großkatze war deren Haltung in der Wohnung von der Polizei verboten worden. Somit wird Löwin Lola Teil der nunmehr auf 19 Löwen angewachsenen Gruppe in Lübeck. Und die schicke Hamburgerin wird nicht die Einzige bleiben, die so handelt: Immer wieder kommen verzweifelte Tierbesitzer und bitten die Dompteurin um Übernahme ihrer Lieblinge. Bald muss sie sich um mehr als 200 Tiere kümmern.

Doch neben dem großen Zeitaufwand kommen auch hohe Kosten für die Versorgung ihrer Schützlinge auf die Neu-Lübeckerin zu. „Die Affen brauchen Haferschleimsuppen, allein die Löwen fressen täglich 100 Kilogramm Fleisch und für die Bären muss gekocht werden“, schildert Torsten Teichmann einige Beispiele. „Um die Finanzierung zu gewährleisten, muss sie immer kämpfen – 1965 kommen bei einer Spendenaktion immerhin 80.000 Mark zusammen.“

„Die Affen brauchen Haferschleimsuppen, allein die Löwen fressen täglich 100 Kilogramm Fleisch und für die Bären muss gekocht werden.“

Die Dompteurin kann auch einen berühmten Unterstützer gewinnen: Der Tierfilmer Bernhard Grzimek (1909-1987), der seit 1945 – bis zu seiner Pensionierung 1974 – den Zoo von Frankfurt leitet, schreibt 1964 in einem offenen Brief, dass die Stadt den Tierpark schon durch geringe Zuschüsse Stück für Stück ausbauen und somit jährlich mehr als die zwischenzeitlich 60.000 bis 80.000 Besuchern anlocken könne. Die Stadt Lübeck stellt Lotte Walther, die mittlerweile „Mutter aller Tiere“ genannt wird, drei Jahre später – 1967 – tatsächlich ein knapp zwei Hektar großes Gelände zur Erweiterung des Tierparks zur Verfügung. Nun kann Lotte Walther ihn Stück für Stück ausbauen. Im Juli 1973 findet die Neueröffnung statt: 3.000 Menschen strömen herbei.

Am 1. Juli 1976 übergibt die 75-jährige Dompteurin den Tierpark nach einem guten Vierteljahrhundert an Günter und Waltraud Lehmensiek – das Ehepaar, das am Schluss so lange für den Erhalt kämpft. Die beiden kennen den Zoo gut, waren sie doch lange Zeit Mitarbeiter gewesen. Die Lehmensieks setzen die Arbeit der Tierärztin fort und kümmern sich rührend um ihre Schützlinge. 1987 nehmen sie das wohl bekannteste Tier auf: den Braunbären Bruno. „Bevor er nach Lübeck kam, musste der 1976 geborene Meister Petz in verschiedenen Zirkussen auftreten“, berichtet Journalist Teichmann.

In den Folgejahren werden die Haltungsbedingungen der Tiere in Israelsdorf zunehmend kritisiert: Im Februar 1993 fordert der Verein der Tierversuchsgegner wegen angeblicher Tierquälerei sogar die Schließung der mittlerweile in die Jahre gekommenen Anlage. Doch der Senat beschließt noch im selben Jahr, der Zoo solle bleiben. Um dem Investitionsstau entgegenzuwirken und somit das Leben der Tiere zu verbessern, spenden Lübecker Bürger 200.000 Mark. „Und die *Lübecker Nachrichten* bringen ab November 1993 die fünfteilige Serie *Bürger retten ihren Tierpark*", berichtet Torsten Teichmann. Doch die Proteste gegen den Zoo reißen nicht ab. Im Juli 2000 erscheint ein Artikel im *Stern*, in dem Experten ein vernichtendes Urteil über die Anlage fällen, „miserabel" sei der Tierpark Lübeck – er landet auf dem letzten Platz der Rangliste.

An dem Schicksal des Braunbären Bruno nahmen viele Lübecker Anteil.

Rund 150 Tiere versorgt das Ehepaar mit nur einem Tierpfleger auf dem mittlerweile fast drei Hektar großen Areal. „Sie halten alles so gut wie möglich in Schuss", räumt der Journalist ein. Die Debatte zwischen Befürwortern und Gegnern des Zoos wird immer erbitterter geführt, die Bürgerschaft lehnt die Schließung ab, fordert aber die Umwandlung in eine Einrichtung mit artgerechter Tierhaltung und stimmt einer Verlängerung der Pacht bis 2011 zu.

Als die absolute Mehrheit der CDU im Rathaus kippt, bereiten SPD, Grüne, Linke und die unabhängige Wählervereinigung „Lübecker Bunt" das Ende der alten Anlage vor und beschließen im September 2008, den 2011 auslaufenden Pachtvertrag nicht mehr zu verlängern. „Doch dann ging es noch mal deutlich schneller", berichtet Torsten Teichmann. Bereits am 31. Oktober 2010 schließt der Tierpark seine Pforten und die rund 100 verbliebenen Tiere müssen an einen neuen Standort aufbrechen. So auch der Bär Bruno, der im Bärenwald Müritz seine neue Heimat finden soll. „Doch nach nur zwei Monaten musste der Bär eingeschläfert werden", erzählt der Lübecker. Laut dem früheren Tierpark-Betreiber Günther Lehmensiek, der sofort zum Bärenwald Müritz aufgebrochen war, als er hörte, dass es seinem ehemaligen Zögling schlecht ging, sei Bruno „nie richtig angekommen. Wenn man acht Wochen lang nicht richtig frisst", werde man natürlich sehr schwach. Dennoch habe er die Entscheidung, das Tier zu erlösen, vollumfänglich mitgetragen.

„Doch nach nur zwei Monaten musste der Bär eingeschläfert werden."

Obwohl der Rückbau des Tierparks eigentlich direkt nach der Schließung erfolgen sollte, dauert es sechs Jahre, ehe im Herbst 2016 die Abrissarbeiten beginnen. In nur wenigen Wochen ist von dem gemeinsamen Lebenswerk von Lotte Walther und dem Ehepaar Lehmensiek nichts mehr zu sehen – durch die Lage im Vogelschutzgebiet wird das Gelände der Natur überlassen.

Melanie Kunze

Hier befand sich der Tierpark:

Der Zoo war in Israelsdorf mitten in einem Vogelschutzgebiet beheimatet.

Seit 1441 befand sich die Ratsapotheke im Eckhaus in der Breiten Straße.

Ratsapotheke

Wein und Gewürze

Einen Wein, etwas Süßes und ein paar exotische Gewürze – das, was klingt wie eine Einkaufsliste für den Supermarkt, gehörte in der Vergangenheit zum Sortiment einer ganz bestimmten Lübecker Apotheke in der Breiten Straße, die ihre Räumlichkeiten in einem Gebäude mit prunkvoller Fassade hatte. Carl Julius Milde (1803-1875) hat diese „Ratsapotheke" genannte Einrichtung in einer Zeichnung festgehalten. Doch bei den genannten Gütern handelt es sich nicht um irgendwelche Lebensmittel, sondern um exklusive Produkte, die dort verfeinert und vertrieben wurden.

Geblieben ist weder etwas von Apotheke noch von dem ansehnlichen Gebäude.

Hintergrund ist, dass die ersten Apotheken nicht Arzneimittel produzieren, sondern als Lagerhäuser für fremdländische Waren dienen – von Gewürzen bis zu Büchern oder gar Edelsteinen. Eine solche frühe Apotheke ist bereits für 1262 in Lübeck belegt, die zweite ihrer Art folgte im Jahr 1300.

Erst mit der gestiegenen Nachfrage nach exotischen Waren heben sich diese Einrichtungen im 14. Jahrhundert von den bisherigen „Apothekern" und Krämern ab. Mit der Gründung der Ratsapotheke im Jahr 1412 besitzt diese jedoch ein Alleinstellungsmerkmal: Als erste städtische Apotheke überhaupt – gegründet auf Initiative des Rates – hat sie das Recht zum Handel mit bestimmten Waren. Und das mit Erfolg! Bald richten andere Städte stadteigene Apotheken ein, im Jahr 1420 beispielsweise Rostock. Die Lübecker Ratsapotheke muss wegen des Platzbedarfs aufgrund der großen Nachfrage vom Markt in das nahe gelegene Eckhaus an der Breiten Straße verlegt werden, wo heute ein moderner Neubau verschiedene Geschäfte beherbergt.

Das Gebäude am neuen Standort bietet nicht nur mehr Raum, sondern hat einen weiteren Vorteil: „Gegenüber der Ratsapotheke befand sich seit etwa 1220 der Ratskeller. Dort wurden zu Beginn Rheinweine – also vor allem Weißweine – gelagert. Im 14. Jahrhundert dann Rotweine aus Frankreich, insbesondere Bordeaux-Weine“, erklärt der Geschäftsführer der Weinhandlung „H. F. von Melle“ Manuel Mack und ergänzt: „Da Salz nicht nur von der Lüneburger Heide, sondern auch von der Atlantikküste Frankreichs bezogen wurde, lag es nahe, in Bordeaux auch Rotwein zu verladen.“

Auch die Ratsapotheke bezieht ihren Wein vom Ratskeller – als Grundlage für ihre Würzweine: Vor allem der „Hypocras“ spielt vom 14. bis 19. Jahrhundert eine besondere Rolle. Benannt nach dem griechischen Arzt Hippokrates von Kos (um 460 - um 370 v. Chr.), wird der Wein mit verschiedenen Gewürzen veredelt: Im 17. Jahrhundert sind es Zimtrinde, Paradieskörner, gelbes Sandelholz, weißer Pfeffer, Gewürznelken, Galgantwurzel, Ingwer, Muskatblüte und Moschus. Dann wird das Getränk mit Zucker gesüßt, erwärmt und gefiltert. Für die günstigere Variante, den zu „Claret“ verarbeiteten Weißwein, gilt Ähnliches. „Alkoholische Getränke dienten in früheren Zeiten nicht nur zum Berauschen, sondern besaßen auch einen gesundheitsfördernden Charakter“, merkt der Weinkenner an. „Hintergrund ist unter anderem, dass Wasser als solches in den meisten Fällen verunreinigt, der Konsum von Bier und Wein hingegen sicher war, – wobei Letzterer eher den Wohlhabenderen vorbehalten blieb.“ Hinzu kommt, dass die im Wein befindlichen Gewürze meist eine beruhigende Wirkung auf den Körper haben.

Die Lage der Ratsapotheke in der Nähe des Ratskellers – und des Rathauses – bietet zunächst einen ganz banalen Vorteil für den Rat selbst: Da dessen Mitglieder ehrenamtlich tätig sind, haben sie Anspruch auf „Verehrungen“, beispielsweise aus Zucker gefertigtes Konfekt sowie eine bestimmte Menge Würzwein, beides ist in der Ratsapotheke zu finden! Doch nicht nur die Ratsmitglieder sind dem „edlen Tröpfchen“ zugeneigt. Ende des 18. Jahrhunderts existieren in Lübeck über 50 Firmen, die mit Wein handeln. Ein Jahrhundert später sind es noch etwa 30 solcher Handlungen, darunter auch „von Melle“. Eine bestimmte Sorte erfreut sich besonders großer Beliebtheit: der

Rotspon. „Der Name bezeichnet ursprünglich Rotwein als solchen. Das Wort *Spon* leitet sich von *Span* ab, also Holz, – und bezieht sich somit auf dessen Fasslagerung", erklärt der Diplom-Önologe, der sich beruflich mit dem Thema Winzer und Weinproduktion beschäftigt. „Der Lübecker Rotspon führte auch dazu, dass die Stadt ihren ausgezeichneten Ruf erhalten hat – die Hansestadt war schließlich *die* Stadt im Weinhandel." Das Gerücht, diese Sorte sei deswegen so exzellent, weil der Wein durch das Klima in der Hansestadt eine besondere Note erhalte, muss Manuel Mack entkräften: „Der Ursprung dieser Annahme beruht auf dem Einfall der französischen Truppen unter Napoleon im Jahr 1806. Als die Soldaten den Weinkeller geplündert hatten, schmeckte ihnen der dort gelagerte Rotwein besser als ihr eigener aus der Heimat." Grund dafür soll die Luft gewesen sein: auf dem Seeweg während des Transports von Bordeaux – oder beim Lagern in der Stadt. „Aus wissenschaftlicher Sicht ist diese Annahme allerdings nicht haltbar", gibt der Önologe zu bedenken.

In der Ratsapotheke drehte sich jedoch nicht alles um Wein: Hatte sie zu Beginn den Charakter eines Krämerladens, wird dank der ersten Apothekenordnung aus dem Jahr 1519 daraus zunehmend eine medizinische Einrichtung. Mit dieser Verordnung entsteht auch die Arzneimittelliste, die bestimmt, welche Waren „apothekenpflichtig" sind.

1846 wird die Ratsapotheke auf Beschluss des Rats und der Bürger aufgelöst und 1855 das Gebäude abgebrochen. Während der vier Jahrhunderte, in denen die Einrichtung an der prominenten Ecke Bestand hatte, belieferte sie den Rat nicht nur mit alltäglichen Hilfsmitteln wie Tinte oder Siegelwachs, sondern auch mit den beliebten Würzweinen, die es den Ratsmitgliedern sicherlich nicht nur wegen des ihnen zugeschriebenen gesundheitlichen Aspektes angetan hatten …

Annika Stahl

Hier stand die Ratsapotheke:

Das Gebäude befand sich in der Breiten Straße 55 an der Ecke zur Dr.-Julius-Leber-Straße, nicht weit vom Rathaus entfernt.

Die Kaufmannsdröge erstreckte sich über 100 Meter längs der Trave und darin konnten dann auch die langen Taue für die Seefahrt hergestellt werden.

Kaufmannsdröge

Teeren und Trocknen

Den Gassenhauer „Auf der Reeperbahn nachts um halb eins" von Hans Albers (1891-1960), in dem er die halbseidene Vergnügungsstraße in St. Pauli melodisch in Szene setzt, kennt wohl jeder. Die von ihm besungene Reeperbahn – Dreh- und Angelpunkt des Hamburger Nachtlebens – ist den meisten ebenfalls bekannt. Weitaus unbekannter: Auch Lübeck hatte einst eine Reeperbahn. „Und das ist nicht weiter verwunderlich", beginnt Axel Schattschneider zu erzählen, „schließlich benötigte man in Lübeck genauso wie in Hamburg Seile und Taue für die Schifffahrt, und eben-

Yachten säumen den Bereich, den einst die Kaufmannsdröge für sich eingenommen hatte.

jene wurden auf den Reeperbahnen hergestellt." Und zwar von den sogenannten Reepschlägern, die sich darauf verstanden, nicht nur *dicke* Seile zu produzieren, sondern auch besonders *lange*. „Und genau das hatte sie von Seilern abgegrenzt", erklärt der Stadtführer, der Lübeck sowie die Geschichte der Hansestadt wie seine Westentasche kennt – und somit die Historie der damit verbundenen Kaufmannsdröge, die sich direkt am Traveufer befand. Selbst wenn „Reeperbahn" heute zum Synonym für Vergnügungen und das horizontale Gewerbe geworden ist: Seinem Ursprung nach hatte das Wort eine ganz andere Bedeutung.

„Schließlich benötigte man in Lübeck genauso wie in Hamburg Seile und Taue für die Schifffahrt, und ebenjene wurden auf den Reeperbahnen hergestellt."

Seile herstellen – wie geht das denn? Bevor der Reepschläger darangehen kann, Seile zu fertigen, muss er erst einmal den bereits in

Bündeln angelieferten Hanf aufbereiten. „Diesen Vorgang nennt man Hecheln", sagt der Wahllübecker. „Mit Hilfe einer Hechel – einem Holzbrett mit Nägeln – werden die Fasern zum einen gereinigt und zum anderen geordnet, damit sich diese hinterher leichter verspinnen lassen." Das so gewonnene Ausgangsmaterial wird zunächst gewogen, um anhand von dessen Gewicht zu berechnen, wie lang der daraus entstehende Faden wird. Die Reepschläger nutzen hierfür ein Spinnrad, auch Seilerrad genannt, allerdings treibt dieses gleich drei, fünf oder sogar noch mehr Spindeln an. Sind die Fäden erst einmal gewonnen, werden diese durch das Zwirnen zusammengefügt. „Man braucht dazu nur zwei Fäden nebeneinander auszuspannen, ihre Drehung je einzeln stark zu vermehren und sie dann beide an einem Ende in einen drehbaren Haken zu hängen: sofort werden sie sich, entgegen ihrer ursprünglichen Drehrichtung, fest umeinander wickeln", so beschreibt Jürgen Eichhoff die Methode in *Die Sprache des Niederdeutschen Reepschlägerhandwerks*. Für die Herstellung eines Seils wäre diese Vorgehensweise allerdings zu langwierig, deshalb „spannt man einfach ein Bündel von etwa 10 bis 20 Fäden zwischen zwei Haken aus, dreht sie zu einem Strang zusammen und vereinigt davon drei oder vier auf die vorher beschriebene Weise", erklärt der Autor die Arbeitsweise der Reepschläger. Dabei entstehen Seile, die bis zu 220 Meter lang sein können.

Axel Schattschneider hat ein Faible für Geschichte und auch insbesondere auch für die Historie seiner Wahlheimat Lübeck.

„Damit jedoch die so gefertigten Seile dann auch den starken Witterungseinflüssen auf hoher See widerstehen können, müssen sie noch geteert werden", erzählt Axel Schattschneider. Bevor die Taue mit dem Holzteer in Berührung kommen, müssen sie zunächst getrocknet werden. Hierzu werden sie in einer sogenannten „Dröge" aufgehängt. Das Wort Dröge leitet sich vom Adjektiv *dröge* sprich *trocknen* ab und bedeutet somit der Ort an dem getrocknet wird. Damit die Seile genug Platz haben, müssen die Gebäude zum Trocken besonders lang sein. „Zunächst gab es in Lübeck eine Dröge, die von einem privaten Reepschläger geführt wurde", erzählt der Gästeführer. Die Lübecker Kaufmannschaft möchte jedoch gerne unabhängig sein und wendet sich mit der Bitte um einen eigenen Bau an den Rat. Zwar lehnt dieser zunächst ab, aber im Jahr 1594 erhält die Kaufmannschaft dann doch die Erlaubnis, auf ihre eigenen Kosten eine neue Dröge errichten zu lassen. Die Stadt weist ihnen hierfür einen Platz am Ende der Reeperbahn zu und erhebt dafür eine jährliche Grundsteuer in Höhe von 12 M lüb (lübschen Mark). Bereits nach rund zwei Jahren kann der Betrieb der neuen Dröge aufgenommen werden. Aber nur kurze Zeit später muss sie ihren Platz am Golden Turm wieder verlassen, denn während des Dreißigjährigen Krieges (1618-1648) wird die Stadt neu befestigt und sämtliche Gebäude jenseits des alten Grabens – so auch die Dröge – müssen weichen.

Die Abrissarbeiten der Dröge sind 1879 in vollem Gange.

Auf dem Gelände der ehemaligen privaten Dröge am Traveufer gegenüber der Engelsgrube – deren Betrieb längst eingestellt worden war –, wird nun zum zweiten Mal eine Dröge der Kaufmannschaft gebaut. „Diese war zwar nicht auf Sand gebaut – aber auf Sumpf", berichtet der Gästeführer über den schlechten Baugrund am Traveufer. Somit muss das 1639 neu errichte Gebäude nach nur 37 Jahren bereits wieder abgetragen und erneut aufgebaut werden. Der Wirtschaftsbetrieb wird in dem Aufsatz *Die Kaufmannsdröge* aus dem Buch *Die Bau- und Kunstdenkmäler der Hansestadt Lübeck* folgendermaßen beschrieben: „Das Hauptgebäude [...] war ein sich lang an der Trave hinstreckender Bau, dem sich am südlichen Ende im rechten Winkel ein vom Gieshaus begrenzter Querflügel anschloss." Einem Bauplan ist zu entnehmen: Die Längsseite des Hauptgebäudes erstreckte sich über 111,5 Meter bei einer Breite um 11 Meter. Neben einem Speicherhaus gab es ein großes Lagerhaus. Hinzu kam die Wohnung des Schreibers der Dröge sowie ein Kesselhaus mit Heizkeller, eine Waage und das Teerhaus, ein Brunnen sowie ein Krughaus, für die Angestellten Werkswohnungen und obendrein ein Spritzenhaus. „Durch den traveseitigen Hauptflügel führten zwei Durchgänge mit doppelt abgefassten Toröffnungen an die Trave", ist zudem in dem Aufsatz zu lesen. „Zwischen [dem Krughaus] und den Werkwohnungen, in der Ecke neben dem Gieshause, führte ein breiter Torweg hindurch auf den Hof der Dröge." Doch der Untergrund, auf dem der Gebäudekomplex errichtet ist, macht weiterhin Probleme, schnell müssen erneut größere Sanierungsmaßnahmen stattfinden.

Das Gießhaus, das zum Areal der Dröge gehörte.

„Während der Franzosenzeit sollte die Dröge zu einem großen Lagerhaus umgebaut werden", berichtet Axel Schattschneider über die beabsichtigte Entwicklung. Aber es soll anders kommen, denn die Dröge verliert ihr Monopolrecht und damit ihre Bedeutung. Die Gebäude werden dem Verfall überlassen und bereits in den 1870er-Jahren wird der baufällige lange Flügel an der Trave niedergelegt. „1886 mussten dann auch die restlichen Gebäude sowie das Gieshaus für die neuen Hafenanlage abgebrochen werden", schildert der Wahllübecker das endgültige Aus für die Kaufmannsdröge, an deren Stelle sich heute ein Parkplatz befindet. Lediglich eine weiße Sandsteinplatte im Hof des St. Annen-Museums mit den Namen der Vorsteher aus dem Jahr 1780 erinnert heute noch an den einst für die Seefahrt unverzichtbaren Betrieb.

„Während der Franzosenzeit sollte die Dröge zu einem großen Lagerhaus umgebaut werden."

Melanie Kunze

Hier stand die Kaufmannsdröge:

Sie erstreckte sich längs des Traveufers gegenüber der Engelsgrube.

Hinter der Fassade aus Backsteinen befand sich einst die Marstallschmiede.

Marstallschmiede

Strategisch günstig gelegen

In kräftigem Schwarz und Rot leuchten die Ziegel an der Fassade des neugotischen Gebäudes, in dem sich heute das Landesamt für soziale Dienste befindet. Zuvor stand dort, auf dem Burghügel ganz im Norden der Lübecker Altstadt gelegen, jedoch ein renaissancezeitlicher Bau. Und dieses Doppelhaus mit jeweils dreifach gestuften Giebeln beherbergte – bis zu seinem Abbruch Ende des 19. Jahrhunderts – ein Stück Stadtgeschichte: „An der Stelle des neugotischen Prachtbaus befand sich einst die Marstallschmiede“, erklärt

Der neugotische Bau beherbergt heute das Landesamt für soziale Dienste.

André Dubisch. Der Standort auf dem Burghügel, fährt er fort, sei schließlich ideal für den Marstall gewesen. Und der Lübecker kennt sich mit der Geschichte rund um die besagte Landmarke bestens aus: Nicht nur, weil er Mitarbeiter im Europäischen Hansemuseum ist, das sich auf der anderen Seite des Hügels befindet, sondern auch, weil der Archäologe die Ausgrabungen beim Bau des 2015 eröffneten Hansemuseums geleitet hatte.

„Der städtische Marstall", erläutert André Dubisch, „war früher der Stall für die Pferde und die Fuhrwerke des Rats." Die dazugehörenden Gebäude verliefen damals parallel zur Stadtmauer, dort, wo heute ein zweigeschossiger unverputzter Ziegelbau steht, der das Jugendzentrum beherbergt. Südlich davon schloss sich die alte Reitbahn an – die kein eingefriedeter Platz war, wie zu vermuten wäre, sondern ein fast 25 Meter langes Gebäude. Und, was natürlich nicht fehlen durfte: die Marstallschmiede. Die Werkstatt mit Schmiedeeinrichtung aus dem 16. Jahrhundert blieb bis zum Abbruch des Doppelhauses erhalten. Darunter auch eine Balkendecke, die heute im „St. Annen-Museum“ – am anderen Ende der Halbinsel – verbaut ist, sowie kunstvolle figürliche Schnitzereien. Doch der Marstall, zu erreichen durch das Tor neben der Schmiede, das heute noch besteht, stellte mehr als nur einen Stall für Pferde dar.

„Im Marstall lagerte außerdem Kriegsausrüstung“, fährt der Lübecker fort. Das Arsenal beispielsweise dient lange nicht nur als Kornhaus, sondern auch zum Lagern von Schiffsgeschützen. Nicht verwunderlich, denn der Marstall, der erstmals Ende des 13. Jahrhunderts urkundlich erwähnt wird, liegt an einem Standort, der schon immer ideal zur Verteidigung gewesen war: „Durch die einzigartige naturräumliche Lage am schmalen Landzugang zur Stadt war der Ort im Mittelalter einer der wichtigsten Siedlungsplätze Lübecks“, schildert der Archäologe die Geschichte des Hügels. „Bereits in der slawischen Zeit des 8. Jahrhunderts hat sich darauf eine Holz-Erde-Konstruktion befunden. Erst als 1143 Graf Adolf II. an dieser Stelle die Stadt *Lubeke* gründete, entstand auf den Ruinen der slawischen Befestigung eine neue Burg.“ Im 13. Jahrhundert muss diese allerdings einem Klosterbau weichen, dessen Räumlichkeiten im 16. Jahrhundert – im Zuge der Reformation – als städtisches Armenhaus genutzt werden.

Das Ende des Marstalls beginnt mit einer Brandkatastrophe im Jahr 1799. Danach werden Gebäudeteile davon zunächst zu einem Gefängnis umgebaut und 1811, während der Besetzung Lübecks durch die französischen Truppen, wird der Marstall in seiner Funktion komplett aufgelöst. Weitere Umbauten für Gefängniszellen folgen, zeitweise existiert vor dem Burgtor auch ein Leichenhaus. Im Verlauf des 19. Jahrhunderts werden jedoch weitere Gebäude abgebrochen, darunter das Arsenal, das in der Zwischenzeit als Lagerraum für Salz gedient hatte. So findet auch die Marstallschmiede ihr Ende.

„Zwischen 1893 und 1896 wurde statt der Schmiede das Gerichtsgebäude mit Untersuchungsgefängnis errichtet, in dem sich heute das Landesamt für soziale Dienste befindet“, merkt der Archäologe an. Gebaut im neugotischen Stil, soll es bewusst an die Blütezeit des Mittelalters anschließen – denn die Rückseite des Landesamts ist direkt an den ehemaligen Kreuzgang des Klosters angebaut, der heute zu den Ausstellungsräumen des „Europäischen Hansemuseums“ gehört.

„Während die oberen Geschosse abgebrochen wurden, integrierten die Bauherren die Klosterarchitektur des Erdgeschosses in den Gerichtsneubau“, ergänzt André Dubisch.

Unten Klostermauern, darüber die Gitter der einstigen Gefängniszellen – eine ungewöhnliche Kombination, die bei einem Museumsbesuch noch immer zu sehen ist: Die Ausstellung des Europäischen Hansemuseums beschäftigt sich nicht nur mit der Geschichte der Burg und des Klosters, sondern auch mit der Funktion des ehemaligen Landgerichts, das vor allem durch seine Rolle im Dritten Reich bekannt ist. „Während der Zeit des Nationalsozialismus wurden die Verfolgten hier inhaftiert. Im Gericht erfolgten später auch Prozesse gegen Regimegegner, darunter auch das Verfahren gegen vier Geistliche, die später als die Lübecker Märtyrer bekannt wurden.“ Mitangeklagt mit 18 weiteren Gemeindemitgliedern, werden Johannes Prassek, Eduard Müller, Hermann Lange und Karl Friedrich Stellbrink am 23. Juni 1943 vom Lübecker Landgericht zum Tode verurteilt und am 10. November 1943 in Hamburg hingerichtet. Später wird das Landgericht verlegt, und der neugotische Bau steht zeitweise leer.

Doch der Burghügel, auf dem einst mehrere Festungen, ein Kloster mit Kirche, der Marstall mit Schmiede sowie das Gericht mit den Gefängniszellen standen, hat im Laufe der Zeit nicht an Bedeutung verloren. Heute lockt der Ort mit dem „Europäischen Hansemuseum“, einem Gymnasium, dem Jugendzentrum sowie dem Landesamt für soziale Dienste – zu erkennen an der Fassade mit den Ziegeln in kräftigem Schwarz und Rot.

Annika Stahl

Hier stand die Marstallschmiede:

Das Doppelhaus, in dem sich die Schmiede befand, lag nahe dem Burgtor im Norden der Stadt. Heute befindet sich in dem neugotischen Nachfolgebau in der Großen Burgstraße 4 das Landesamt für soziale Dienste.

Die Fotografie zeigt den 1836 erbauten Bürgerschützenhof, der aber bereits nach wenigen Jahrzehnten seine Funktion verlor und seitdem als Gartenwirtschaft genutzt wurde.

Bürgerschützenhof

Dienst an der Waffe

Wer dazugehören will, muss erstmal liefern. Anders gesagt: Wer in Lübeck das Bürgerrecht erwerben will, muss Pflichten übernehmen, nämlich „schoten, waken, wepenere utmaken". Will heißen, wie Johannes Warncke (1878-1947) in seinem Aufsatz *Das Schützenwesen in Lübeck* erklärt: Steuern zahlen, Wachdienst tun und Bewaffnete ausrüsten. Und wenn er auch nicht zu Heereszügen nach außen verpflichtet ist, hat er doch die Pflicht, seine Stadt zu verteidigen. Damit die Bürger dieser Aufgabe nachkommen können, brauchen sie neben Waffen die

Einst wurde hier im Namen der Stadtverteidung Treffsicherheit trainert, heute jedoch dient dieser Bereich den Bürgern zur Fortbewegung von A nach B.

Möglichkeit, den Umgang mit diesen zu üben. „Diesbezüglich hinkte Lübeck anderen Städten weit hinterher“, erklärt Axel Schattschneider, seines Zeichens Gästeführer der Hansestadt.

So sollen 1555 anlässlich des Hansetags die Gesandten von Braunschweig und Magdeburg beklagt haben, dass in der vornehmen Reichsstadt Lübeck keine Schießübungen stattfänden. Denn „[b]ei ihnen schössen sogar Ratsherren und Bürgermeister, ja Fürsten und Herren nach der Scheibe“, zitiert Johannes Warncke die Äußerungen der Gesandten. Dieses Üben bringt den Städten Vorteile, weshalb in Braunschweig jeder junge Bürger durch Eid verpflichtet ist, 26 Tage auf die Scheibe zu zielen. Denn nur wenn die Bürger mit dem Umgang an der Waffe vertraut sind, können sie ihre Stadt gut verteidigen. Angespornt durch die guten Ergebnisse der anderen Städte setzen sich die Bürger Lübecks schließlich beim Rat dafür ein, dass zumindest ein Preis für den besten Scheibenschützen ausgelobt wird, um so die Motivation zum Üben zu steigern. „Der beste Schütze sollte unter anderem

Stoff aus England für ein Gewand erhalten", erzählt Schattschneider, der schon lange in Lübeck lebt.

Daraufhin schließen sich einige Lübecker Bürger zusammen und beginnen mit dem Training auf freiem Feld beim Rädlerkrug gegenüber der Dankwartsgrube. „Damals bestanden die großen Wallanlagen noch nicht, und es gab nur das heute noch stehende Holstentor", erläutert der „etwas andere Stadtführer" die Position der Schießbahn, die noch sehr einfach gehalten war. „Lediglich einen Tisch und ein paar Stühle gab es, den Platz hatte man nur mit Pfählen und Latten eingezäunt", beschreibt Axel Schattschneider die Anlage. „Abes es kamen reichlich Klagen, daß die Kugeln in den nahen Gärten Schaden anrichteten und eine große Gefahr bedeuteten", berichtet Warncke.

Deshalb wird den Schützen bereits 1558 eine andere Fläche zugewiesen. „Und dort, in der Fackenburger Allee, sollte der Bürgerschützenhof auch bis zu seinem Ende bleiben", sagt der Wahl-Lübecker. „Um den Hof wurde rundherum ein Graben gezogen, und das erste Haus, das der Rat für die Schützen bauen ließ, war eigentlich ein einfacher Schuppen." Er gewährt zwar einen gewissen Wetterschutz, aber eine Stube oder Kammer gibt es dort nicht. Das in der Nacht unbeaufsichtigte Gebäude wird immer wieder Opfer von Vandalismus, deshalb beschließt der Rat anzubauen, damit sich dort dauerhaft ein Aufseher aufhalten kann. „Dieser musste aber nicht nur sicherstellen, dass sich niemand mehr an dem Schützenhof vergriff, sondern auch für genügend Bier sorgen und dieses dort entsprechend einlagern."

Mehrfach wird der Bürgerschützenhof im Laufe der Jahre erweitert, bis sich die Schützen schließlich 1596 mit dem Bau sehr zufrieden zeigen. Nicht nur das Gebäude hat sich zwischenzeitlich verändert, man hat auch den ganzen Hof mit Erde erhöht, um dadurch das ehemals sumpfige und unebene Gelände auszugleichen. „Außerdem wurde ein Fischteich angelegt und der Wall hinter dem Scheibenberg verlängert sowie verstärkt", erläutert Schattschneider. Später zieren die dort angepflanzten Obstbäume einen Teil des Hofes. 1650 wird der Bürgerschützenhof um einen Anbau mit Giebel erweitert. In dem jetzt dreiteiligen Gebäude gibt es einen über alle Teile reichenden Saal. „Es befanden sich auf demselben die sog. Gelage der Ämter", schreibt der Heimatforscher Warncke. „Dabei handelte es sich um lange Tische mit gegenüberstehenden Bänken", erläutert Axel Schattschneider, „unter den Bänken waren Laden angebracht und Halterungen für die Büchsen." Die Gelage gehörten den jeweiligen Handwerksberufen, das älteste aus dem Jahr 1608 den sogenannten Buntmachern. „Die Buntmacher waren Kürschner, die überwiegend fremde Felle verarbeiteten", erläutert Schattschneider. Laut Warncke entstanden „im Laufe der Zeit verschiedene kleinere" Gebäude. „So bauten sich zunächst die Älterleute der Schützen für ihre Veranstaltungen einen [...] offenen Saal, das sog. Carnap. Aber auch einzelne Gruppen unter den Schützenbrüdern sonderten sich ab und errichteten sich eigene kleine Gebäude auf dem weiten Gelände." Unter anderem wird auch eine Garküche von den Garbereitern gebaut. Diese nannte man früher auch Garbrader, sie stellten neben Wurst unter anderem Braten her und verkauften diese Waren auch auf dem Markt.

Im 19. Jahrhundert verschwinden die einzelnen Häuser wieder und stattdessen wird für alle Gruppierungen ein Neubau aus Stein errichtet, der1836 eingeweiht werden kann. „1862 wurde am Gebäude noch eine Veranda angebaut", ergänzt der Gästeführer.

Nach der Einführung der Gewerbefreiheit in Lübeck im Jahr 1867, lösen sich die Ämter selbst auf, wodurch das aus dem 16. Jahrhundert stammende Schützenwesen beendet ist. „Damit verliert auch der Bürgerschützenhof seine Funktion, denn die Bürger mussten sich nicht mehr für die Verteidigung der Stadt einsetzen und somit gab es auch keine Verpflichtung mehr zum Üben", fasst Axel Schattschneider zusammen. Das Gebäude wird von einem Privatmann gemietet und bis zu seinem Abriss 1903 als Gastwirtschaft genutzt. Als die Bauarbeiten für den neuen Lübecker Bahnhof beginnen, muss der Bürgerschützenhof diesem weichen.

Melanie Kunze

Hier stand der Bürgerschützenhof:

Das Gebäude der Schützen befand sich an der Fackenburger Allee 5.

Das Travemünder Ufer lädt ein – zum Flanieren oder zu einem Besuch in der 1905 neugebauten Seebadeanstalt.

Seebadeanstalt

Ist das nicht gefährlich?

„Das Meer ist keine Landschaft, es ist das Erlebnis der Ewigkeit." Die berühmten Worte von Thomas Mann (1875-1955) zeigen dessen tiefe Verbundenheit mit dem Meer, und nicht nur der Schriftsteller, sondern auch die zahlreichen Besucher, die sich jährlich am Travemünder Strand einfinden, unterliegen der Anziehungskraft der Ostsee. So lockt die Promenade Besucher aus nah und fern an, sei es zum Flanieren, zum Nachdenken – oder zum Baden. Nicht verwunderlich also, dass sich bis in die 1950er-Jahre eine auf hölzerne Pfähle gebaute Seebadeanstalt – am

Beliebt ist die Promenade auch heute noch – auch wenn sich das Erscheinungsbild seither gewandelt hat.

heute leerstehenden Ufer – befand. Überraschend ist hingegen, dass diese Art von Einrichtung vor dem 18. Jahrhundert vollkommen unbekannt war: In der offenen See zu baden, war damals keine Freizeitbeschäftigung, welcher die Bevölkerung mit Begeisterung nachgegangen wäre.

„Die Menschen waren jahrhundertelang nicht im Meer baden", erklärt Rolf Fechner, der mehrere Bildbände zu Travemünde verfasst hat. „Es war einfach nicht üblich – das offene Meer war schließlich gefährlich und heimtückisch." Erst als in England die ersten Seebäder gebaut werden, bringen deutsche Badeärzte den neuen Trend mit. Von diesem Konzept ist die Bevölkerung hierzulande zunächst nicht begeistert. „Es

„Die Menschen waren jahrhundertelang nicht im Meer baden. Es war einfach nicht üblich – das offene Meer war schließlich gefährlich und heimtückisch."

erforderte Überzeugungsarbeit, denn die Menschen zweifelten, ob Baden im Meer wirklich gute Auswirkungen hat. Abgesehen davon konnte zu der Zeit ohnehin kaum jemand schwimmen."

Die ersten Anlagen entstehen in Heiligendamm – eine herzogliche Anstalt – sowie in Norderney. 1802 gründen die Lübecker Bürger die *Seebadeanstalt AG*, die den Betrieb einer Warmadeanstalt sowie eines Gesellschaftshauses – dem späteren Kurhaus – umfasste. Doch der neue Trend zu Anfang des 19. Jahrhunderts gleicht keinesfalls dem heutigen Badevergnügen im Meer: „Zunächst gingen die Menschen mit sogenannten Badekarren ins Wasser: einem überdachten Wagen, der ins Meer geschoben wurde. Unter Aufsicht sollten sie dann ihren Kopf bis zu drei Mal unter Wasser tauchen", fährt der Autor fort. „Das sollten die Badenden allerdings nicht zu oft wiederholen, denn es war unsicher, ob zu viele Wiederholungen wirklich gut waren." Sind die Temperaturen zu kalt, weichen die Besucher auf die Warmbadeanstalten auf dem Land aus, wo das Meereswasser zuvor erwärmt wurde.

Rolf Fechner hat in mehreren Publikationen die Geschichte Travemündes – und der Seebadeanstalt – illustriert.

Das Baden mit Badekarren und in der Warmbadeanstalt zieht im Lauf der Zeit immer mehr Besucher an, die Menschen begeistern sich zunehmend für den neuen Trend. Selbst die schwere Sturmflut am 13. November 1872, die seit Menschengedenken schwerste Verwüstung an der Ostseeküste, bei der das Meer mit aller Gewalt über das Land hereinbrach, kann die Freude nicht bremsen. So wird 1873 die erste

Seebadeanstalt gebaut, aber ausschließlich für Männer. Im Unterschied zur Warmbadeanstalt befindet sich diese auf Pfählen im Wasser und ist vom Ufer aus über eine Brücke zu erreichen. Ein knappes Jahrzehnt später folgt der Bau für die Damen und schließlich eine Familien-Seebadeanstalt. Doch wegen der Witterung und wiederkehrenden Fluten sind die Einrichtungen bald in schlechtem Zustand. 1905 ersetzt daher eine moderne Badeanstalt die See- und die Warmbadeanstalt: vier Jahre nachdem die neugebaute Strandpromenade eingeweiht wurde. Mit der Promenade und der neuen Seebadeanstalt zu Beginn des 20. Jahrhunderts lockt der Strand erneut: „Die Promenade galt zu der Zeit sogar als die schönste überhaupt, neben der in Nizza", merkt Rolf Fechner an, der im Vorstand des Heimatvereins Travemünde ist. Nicht ohne Grund wird die Seebadeanstalt am Strand also zum Motiv vieler Ansichtskarten.

„Erst als 1927 das Verbot, am Strand baden zu gehen, aufgehoben wurde – zuvor durften die Besucher nur über die Einrichtungen ins Wasser –, war das Konzept der Badeanstalten überholt." Stattdessen können die Badegäste nun die Strandkörbe nutzen. Doch es scheint, als sei das noch nicht allen Menschen geheuer, denn die Seebadeanstalt existiert weiter, erst im Jahr 1951 wird sie abgerissen.

Zwei Jahre zuvor eröffnete übrigens ein anderes Etablissement in Travemünde: das Spielcasino! „In den 1950er- und 60er-Jahren boomte dort das Glücksspiel", schildert Rolf Fechner. „Dort konnte Roulette, Baccara oder auch Black Jack gespielt werden." Im einstigen Kursaal am Ufer finden die Gäste nicht nur Unterhaltung im Spiel, sondern auch durch ein wechselndes Liveprogramm: „Zu der Zeit waren Weltstars zu Gast in Travemünde, beispielsweise Vico Torriani oder Josephine Baker." Ob diese dabei auch die Gelegenheit nutzen, um im renommierten Lübecker Seidenhaus Ritter einkaufen zu gehen, ist allerdings nicht bekannt. „Während dieser Zeit waren in Deutschland überhaupt nur wenige Casinos zugelassen", fährt der gebürtige Travemünder fort. „Die Einrichtungen hatten ein elitäres, mondänes Flair

„Zu der Zeit waren Weltstars zu Gast in Travemünde, beispielsweise Vico Torriani oder Josephine Baker."

– die Besucher waren alle schick angezogen, Krawatte war natürlich Pflicht." Die Blütezeit des Casinos währt allerdings nicht lange. „Mit den neuen Spielgesetzen in den 70er-Jahren kam der Niedergang. Nicht nur eröffneten nun neue Spielhallen an anderen Standorten, sondern durch neue Automaten, wie einarmige Banditen, und den fehlenden Dresscode war auch das einstige Flair verschwunden!"

„Mit den neuen Spielgesetzen in den 70er-Jahren kam der Niedergang."

Die einzige Konstante am Travemünder Strand ist also – und bleibt – das Meer sowie die vielen Urlaubsgäste, die alle wegen der unvergleichlich schönen Landschaft kommen. Für das „Erlebnis der Ewigkeit" eben.

Annika Stahl

Hier lag die Seebadeanstalt:

Die verschiedenen Seebadeanstalten befanden sich alle direkt gegenüber der Strandpromenade 1 in Travemünde, wo heute freie Sicht auf das Meer gegeben ist.

Quellen, Literatur, Bildnachweis

Amt für Kultur / Geschichtswerkstatt Herrenwyk (Hrsg.): Leben und Arbeit in Herrenwyk. Geschichte der Hochofenwerk Lübeck AG, der Werkskolonie und ihrer Menschen. Dokumentationen und Forschungen zur Stadtgeschichte, Band 2. Lübeck 1985.

Archivportal Deutsche Digitale Bibliothek: „Bergenfahrerkompanie (Bestand)". URL: https://www.archivportal-d.de/item/FRB7YYOJWLXATGD5VBBHM64JUNTJ4N2V. Abgerufen am 01.02.2023.

Baltzer, Johannes; Bruns, Friedrich; Rahtgens, Hugo: „Das St.-Johannis-Jungfrauenkloster." In: Amt für Denkmalpflege der Hansestadt Lübeck (Hrsg.): Die Bau- und Kunstdenkmäler der Freien und Hansestadt Lübeck. Band IV, Teil 1, S. 3-23.

Beer Brauerei: „Lück". URL: https://beer-brauerei.de/lueck/. Abgerufen am 07.12.2022.

Beust, Freiherr von: „Erich Wagener: Die Entwicklung der Freiheitsstrafe in Lübeck von der Carolina bis zur Gegenwart. Inaugural-Dissertation" (Rezension). In: Zeitschrift des Vereins für Lübeckische Geschichte und Altertumskunde, Band 26. Lübeck 1932, S. 161.

Brehmer, Wilhelm: „Die Straßen, deren Namen, Pflasterung, Reinigung und Beleuchtung, sowie die Versorgung der Stadt mit Wasser". In: Zeitschrift des Vereins für Lübeckische Geschichte und Altertumskunde, Band 5. Lübeck 1888, S. 226ff, 255ff.

Brilling, Bernhard: „Kleine Beiträge – Zur Geschichte der Juden in Lübeck und Moisling". In: Zeitschrift des Vereins für Lübeckische Geschichte und Altertumskunde, Band 49. Lübeck 1969, S. 139-145.

Bruns, Friedrich; Rahtgens, Hugo; Wilde, Lutz: „Der Marstall". In: Amt für Denkmalpflege der Hansestadt Lübeck (Hrsg.): Die Bau- und Kunstdenkmäler der Hansestadt Lübeck. Band I, Teil 2: Rathaus und öffentliche Gebäude der Stadt. Lübeck 1974, S. 321-332. „Das Münzhaus", S.375-378, „Das Waisenhaus", S. 386-391, „Das Irrenhaus", S. 392-397. S. 360ff, 406-408.

Dordowsky, Kai: „Gasometer landet im Schwarzbuch". In: Lübecker Nachrichten vom 20.10.2022, S. 14.

Dubisch, André: „Ein tiefer Blick in die Geschichte des Lübecker Burghügels. Neue Befunde zur Befestigung und Entwicklung eines wichtigen Siedlungskerns der Stadt Lübeck". In: Falk, Alfred; Müller, Ulrich; Schneider, Manfred (Hrsg.): Lübeck und der Hanseraum. Beiträge zur Archäologie und Kulturgeschichte. Festschrift für Manfred Gläser. Lübeck 2014, S. 51-68.

Dübbel, Tatjana: „Geschichte des Lübecker Burgklosters". In: Sternfeld, Felicia (Hrsg.): Katalog des Europäischen Hansemuseums. Lübeck 2016, S. 90-95.

Eichhoff, Jürgen: Die Sprache des Niederdeutschen Reepschlägerhandwerks. Köln 1968, S. 61ff.

Eschenburg, Bernhard: „Die Coniunctio fratrum Lubecensium (der Fechtclub) in Lübeck 1844 bis 1904". In: Mitteilungen des Vereins für Lübeckische Geschichte und Altertumskunde, Heft 14, Februar 1920, S. 29-50, 53-78.

Fechner, Rolf: Luftfahrt auf dem Priwall und Pötenitz. Norderstedt 2020, S. 13, 45-47, 56, 93.

F. G.: „Der St. Annen-Kirchhof". In: Vaterstädtische Blätter, Nr. 24. Lübeck 1897. S. 189-191.

Finke, Manfred: UNESCO-Weltkulturerbe Altstadt von Lübeck.

Neumünster 2006, S. 192.
Frontzek, Wolfgang: Das städtische Braugewerbe und seine Bauten vom Mittelalter bis zur frühen Neuzeit. Häuser und Höfe in Lübeck, Band 7. Lübeck 2005, S. 9f, 33, 36, 40, 44, 46, 57, 73, 76.

Füting, Susanne: „Menschenaffen und Meteoriten im Museum – Kapitel der Lübecker Wissenschaftsgeschichte". In: Czieslik, Wolfgang; Zimmermann, Jan (Hrsg.): NaWi(e) war das? 150 Jahre Naturwissenschaftlicher Verein zu Lübeck 1872-2022. Lübeck 2022, S. 155-181.

Dies.: „Aus dem All nach Lübeck". In: Lubowski, Karin (Hrsg.): 875 Jahre Lübeck erzählt uns was. Die Ausstellung. Lübeck 2018, S. 19-21.

Gläser, Manfred: „Untersuchungen auf dem Gelände des ehemaligen Burgklosters zu Lübeck. Ein Beitrag zur Burgenarchäologie". In: Lübecker Schriften zur Archäologie und Kulturgeschichte (LSAK), Bd. 22, 1992, S. 65-121.

Gorski, Michael: „Die Baugeschichte der Burgkirche in Lübeck". In: Saltzwedel, Rolf (Hrsg.): Der Wagen. Ein Lübeckisches Jahrbuch, 1990, S. 244-274.

Graßmann, Antjekathrin: „Der Wein – der Rotspon". In: Gerkens, Gerhard; Graßmann, Antjekathrin (Hrsg.): Lust und Last des Trinkens in Lübeck. Lübeck 1996, S. 166-169.

Guttkuhn, Peter: Die Geschichte der Juden in Moisling und Lübeck. Archiv der Hansestadt Lübeck, 2. Auflage 2007, S. 18, 43, 75.

Hagedorn, Anton: „Ein Bild des heiligen Olav". In: Mitteilungen des Vereins für Lübeckische Geschichte und Altertumskunde, Band 1: Lübeck 1883/84, S. 152.

Ders.: „Ein Gastmahl des Rathes von Lübeck im Jahre 1502". In: Zeitschrift des Vereins für Lübeckische Geschichte und Altertumskunde, Band 4. Lübeck 1884, S. 112.

Hammel-Kiesow, Rolf: Silber, Gold und Hansehandel. Illustrierter Führer durch die Ausstellung „Pfeffer & Tuch für Mark & Dukaten". Lübeck 2003, S. 17-19, 40, 67, 75f, 149.

Hannemann, Ursula: Von Apotheken, Apothekern und Arzeneien. Zur Geschichte des älteren lübeckischen Apothekenwesens. Lübeckische Blätter vom 26.01.1985, S. 17-20, 33-36.

Dies.: Die Ratsapotheke lieferte dem Rat Gewürze und Konfekt. Lübeckische Blätter vom 02.11.1985, S. 293-296.

Dies.: „Claret, Hypocras und Branntwein. Alkoholische Getränke aus der Lübecker Ratsapotheke". In: Gerkens, Gerhard; Graßmann, Antjekathrin (Hrsg.): Lust und Last des Trinkens in Lübeck. Lübeck 1996, S. 87-91.

Haus Eden: Hausinfos/Chronik. URL: https://www.edenluebeck.de/hausinfos/. Abgerufen am 15.05.2023.

Heim, Angelika; Mührenberg, Doris: Lübeck. Innenansichten. Rostock 1992, S. 12.

Hirsch, Fritz: „Geschichte der St. Petri-Ziegelei in Lübeck". In: Zeitschrift des Vereins für Lübeckische Geschichte und Altertumskunde, Band 9. Lübeck 1908, S. 20-34.

Hollinde, Michael: „Braunbär ‚Bruno' ist tot: Trauer um Lübecks Liebling". In: Lübecker Nachrichten vom 02.08.2011, S. 9.

Kabel, Hanno: „Erinnerung ans ‚Memory': Als die Disco-Stars nach Kücknitz kamen". In: Lübecker Nachrichten vom 13.02.2021.

Kessels, Paul: „Das größte Baracken-Lazarett Norddeutschlands auf dem Burgfelde zu Lübeck". In: Vaterstädtische Blätter, Lübeck 1915/16, Nr. 9, 28.11.1915, S. 37-39.

Kloster Cismar: „Die Geschichte". URL: https://kloster-cismar.sh/de/die-geschichte. Abgerufen am 07.12.2022.

Kühl, Janine: „Als Hamburgs Straßen von Gas erleuchtet wurden". URL: https://www.ndr.de/geschichte/chronologie/Gaslaternen-erleuchten-vor-175-Jahren-Hamburgs-Strassen-,gaslaternen100.html. Abgerufen am 16.01.2023.

Luebeck.de: „Feuerwehr-HL: Feuer zerstört die ehemalige Diskothek Memory in Lübeck-Kücknitz". URL: https://www.hier-luebeck.de/index.php/feuerwehr-hl-feuer-zerstort-die-ehemalige-diskothek-memory-in-lubeck-kucknitz/. Abgerufen am 10.03.2023.

Mührenberg, Doris: „Die Lübecker Kloakeninhalte und ihre Aussagen zum Leben in einer mittelalterlichen Stadt". In: Wagener, Olaf (Hrsg.): Aborte im Mittelalter und der Frühen Neuzeit. Petersberg 2014, S. 171-177.

Dies.: „Paternostermaker". In: Lubowski, Karin (Hrsg.): 875 Jahre Lübeck erzählt uns was. Die Ausstellung. Lübeck 2018, S. 107f.

Müller, Ulrich; Schneider, Manfred (Hrsg.): Lübeck und der Hanseraum. Beiträge zur Archäologie und Kulturgeschichte. Festschrift für Manfred Gläser. Lübeck 2014, S. 51-68.

Neckels, Conrad: Lübeck – Königin der Hanse. Lübeck o. J., S. 138.

Neumann, Käthe: „Das geistige und religiöse Leben in Lübeck am Ausgang des Mittelalters". In: Wehner, Donat: Rationalisierung, Akkordarbeit und Kontrolle. Die St. Petri-Ziegelei in Lübeck und die ‚Ressource Mensch' in frühkapitalistischer Zeit. Mitt. Dt. Gesell. Arch. Mittelalter u. Neuzeit 29. 2016, S. 231-242.

Peters-Schildgen, Susanne: „Johann Wilhelm Cordes: Ein deutscher Maler des 19. Jahrhunderts". In: Nordelbingen. Beiträge zur Kunst- und Kulturgeschichte, Band 62. Heide (Holstein) 1993, S. 97-120.

Reger, Karl-Heinz; Dilling, Horst: Geschichte der Psychiatrie in Lübeck: Das 19. Jahrhundert. Veröffentlichungen zur Geschichte der Hansestadt Lübeck. Reihe B, Band 11. Lübeck 1984, S. 5, 12, 14, 19, 20-23, 27f, 52f, 72, 80.

Reitemeier, Arnd: „Die Freie und Hansestadt Lübeck im August 1914". In: Zeitschrift des Vereins für Lübeckische Geschichte und Altertumskunde, Band 84. Lübeck 2004, S. 178.

Schaal, Katharina: „Schiffbruch in der Rechtsprechung des Lübecker Rats im Spätmittelalter". In: Zeitschrift des Vereins für Lübeckische Geschichte und Altertumskunde, Band 70. Lübeck 1990, S. 86.

Scheftel, Michael: „Der ehemalige ‚Berchfrede' auf dem Gut Roggenhorst. Eine baugeschichtliche Untersuchung". In: Zeitschrift des Vereins für Lübeckische Geschichte und Altertumskunde, Band 88. Lübeck 2008, S. 80.

Ders.: „Lübeck 1229 eine Inschrift auf dem Chorgestühl der St. Nikolaikirche zu Röbel. Zur Gründung des St. Marien-Magdalenen Klosters der Dominikaner in Lübeck". In: Hammel-Kiesow; Hundt, Michael (Hrsg.): Das Gedächtnis der Hansestadt Lübeck. Festschrift für Antjekathrin Graßmann zum 65. Geburtstag. Lübeck 2005, S. 45-53.

Schneider, Manfred: „Die Ausgrabungen im Lübecker Gründungsviertel – Einführung". In: Harder, Jörg; Kräling, Heiko; Mührenberg, Doris; Radis, Ursula; Rieger, Dirk; Schneider, Manfred; Sudhoff, Ingrid (Hrsg.): Die Ausgrabungen im Lübecker Gründungsviertel, Band 1. Lübeck 2019, S. 17-20.

Sengebusch, Rüdiger: Zeitenwende – Fabriken in Lübeck. Lübeck 1993, S. 226, 228f.

SPIEGEL Wirtschaft: „Als Luther das gute Geschäft verdarb". Artikel vom 15.07.2012. URL: https://www.spiegel.de/wirtschaft/paternostermacher-verarbeitete-bernstein-zu-gebetsketten-a-839812.html. Abgerufen am 09.12.2022.

Teichmann, Torsten: „Bye-Bye, Bruno!“ In: Lübecker Nachrichten vom 02.11.2010, S. 13.

Thoenneßen, Hendrick: Scharfrichter und Abdecker in der Reichs- und Hansestadt Lübeck in der Frühen Neuzeit. Lübeck 2021, S. 30, 36ff.

Travemünde Tourismus: „Geschichte am Meer“. URL: https://www.travemuende-tourismus.de/unser-seebad/seebadtradition. Abgerufen am 08.12.2022.

Vaterstädtische Blätter: „Verwundete in Lübeck“. Lübeck 1914/15, Nr. 2, 11.10.1914, S. 7-8.

Ebd.: „Das Barackenlager auf dem Burgfeld“. Lübeck 1914/15, Nr. 3, 18.10.1914, S.11.

Ebd.: „Vom Barackenlager des Burgfelds“. Lübeck 1914/15, Nr. 16, 17.01.1915, S. 63-64.

Ebd.: „Handwerks-Arbeit im Baracken-Lazarett auf dem Burgfeld“. Lübeck 1915/16, Nr. 15, 09.01.1916, S. 67-68.

Verein für Lübecker Industrie- und Arbeiterkultur e.V. (Hrsg.): Leben und Arbeit in Herrenwyk. Lübeck 2014, S. 3-9, 126, 140-151, 158f.

Warncke, Johannes: „Das Schützenwesen in Lübeck“. In: Zeitschrift des Vereins für Lübeckische Geschichte und Altertumskunde, Band 30. Lübeck 1940, S. 272ff.

Wehner, Donat: „Rationalisierung, Akkordarbeit und Kontrolle. Die St. Petri-Ziegelei in Lübeck und die ‚Ressource Mensch‘ in frühkapitalistischer Zeit“. In: Mitt. Dt. Gesell. Arch. Mittelalter u. Neuzeit 29. 2016, S. 231-242.

Wehrmann, Carl Friedrich: „Das Haus des Deutschen Ordens in Lübeck“. In: Zeitschrift des Vereins für Lübeckische Geschichte und Altertumskunde, Band 5. Lübeck 1888, S. 463.

Wehrmann, Staatsarchivar: „Der Lübeckische Rathsweinkeller“. In: Zeitschrift des Vereins für Lübeckische Geschichte und Altertumskunde, Band 2. Lübeck 1867, S. 91-92.

Wiedemann, Rainer: Der lange Abschied von Flender. Schwerin 2010, S. 12, 13, 16f, 20f, 24, 28-31.

Wikipedia: „Emil Müller (Unternehmer, 1807)“. URL: https://de.wikipedia.org/wiki/Emil_M%C3%BCller_(Unternehmer,_1807). Abgerufen am 8.02.2023.

Wilde, Lutz: „Zur Baugeschichte der Kirche des Johannisklosters in Lübeck“. In: Der Wagen. Ein Lübeckisches Jahrbuch. Lübeck 1965, S. 46-54.

Wochenspiegel Lübeck + Ostholstein: „Kücknitz: Was wird aus dem ehemaligen Memory-Gebäude?“ URL: https://www.wochenspiegel-online.de/index.php/2020/12/18/kuecknitz-was-wird-aus-dem-ehemaligen-memory-gebaeude/. Abgerufen am 10.03.2023.

Wölk, Thomas: „Herstellung von Ziegelsteinen“. URL: http://www.woelknet.de/pagesold/RomBack/Herstlng.htm. Abgerufen am 15.06.2023.

Bildnachweis

Cover: Gemeinfrei

S. 6. LN-Archiv

S. 7 oben Bast Medien

S. 7 unten Annika Stahl

S. 8 Olaf Pokorny

S. 10 Gemeinfrei

S. 11 Olaf Pokorny

S. 12 Gemeinfrei

S. 13 Privat

S. 16 Gemeinfrei

S. 17 Olaf Pokorny

S. 18 Carolin Teubert

S. 22 St. Annenmuseum

S. 23 Olaf Pokorny

S. 26 Olaf Pokorny

S. 27 Olaf Pokorny

S. 32 Gemeinfrei

S. 33 Olaf Pokorny

S. 35 LN-Archiv

S. 36 LN-Archiv

S. 38 Gemeinfrei

S. 39 Olaf Pokorny

S. 40 Bast Medien

S. 44 Gemeinfrei

S. 45 Olaf Pokorny

S. 48 Gemeinfrei

S. 49 Olaf Pokorny

S. 51 Gemeinfrei

S. 52 Privat

S. 54 Bild von J. Nöhring. Quelle Slg. Jan Zimmermann (Naturkundemuseum)

S. 55 Olaf Pokorny

S. 56 Gemeinfrei

S. 57 LÜBECKER MUSEEN

S. 58 LÜBECKER MUSEEN

S. 60 Gemeinfrei
S. 61 Olaf Pokorny

S. 64 Museum Behnhaus Drägerhaus

S. 65 Olaf Pokorny

S. 68 Flender Archiv, Sammlung R. Wiedemann

S. 69 Olaf Pokorny

S. 70 LN-Archiv

S. 71 oben Flender Archiv, Sammlung R. Wiedemann

S. 71 unten Olaf Pokorny

S. 72 privat

S. 74 Gemeinfrei

S. 75 Olaf Pokorny

S. 78 Gemeinfrei

S. 79 Olaf Pokorny

S. 80 Museum Behnhaus Drägerhaus

S. 82 Gemeinfrei

S. 83 Olaf Pokorny

S. 84 Gemeinfrei

S. 86 LN-Archiv

S. 87 Olaf Pokorny

S. 88 LN-Archiv

S. 90 CC BY-SA3.0 Peter Oldekop

S. 91 Olaf Pokorny

S. 92 CC BY-SA 3.0 Peter Oldekop

S. 93 Archäologisches Museum

S. 94 Olaf Pokorny

S. 95 Gemeinfrei

S. 96 Olaf Pokorny

S. 98 Gemeinfrei

S. 99 Gemeinfrei

S. 100 Gemeinfrei

S. 102 Gemeinfrei

S. 103 Olaf Pokorny

S. 106 Gemeinfrei

S. 107 Olaf Pokorny

S. 108 Gemeinfrei

S. 110 Gemeinfrei

S. 112 Gemeinfrei

S. 113 Olaf Pokorny

S. 116 LN-Archiv

S. 117 Olaf Pokorny

S. 118 Industriemuseum Geschichtswerkstatt Herrenwyk

S. 119 Olaf Pokorny

S. 120 Industriemuseum Geschichtswerkstatt Herrenwyk

S. 122 Gemeinfrei

S. 123 Olaf Pokorny

S. 126 Privatarchiv

S. 127 Olaf Pokorny

S. 130 Gemeinfrei

S. 131 Olaf Pokorny

S. 132 Gemeinfrei

S. 133 Gemeinfrei

S. 134 Gemeinfrei

S. 136 St. Annenmuseum

S. 137 Olaf Pokorny

S. 140 Gemeinfrei

S. 141 Olaf Pokorny

S. 144 Gemeinfrei

S. 145 Olaf Pokorny

S. 148 Gemeinfrei

S. 149 Olaf Pokorny

S. 150 LN-Archiv

S. 152 LN-Archiv

S. 154 Museum Behnhaus Drägerhaus

S. 155 Olaf Pokorny

S. 158 Gemeinfrei

S. 159 Olaf Pokorny

S. 160 Bast Medien

S. 161 Gemeinfrei

S. 162 Gemeinfrei

S. 164 Gemeinfrei

S. 165 Olaf Pokorny

S. 168 Gemeinfrei

S. 169 Olaf Pokorny

S. 172 Gemeinfrei

S. 173 Olaf Pokorny

S. 174 Privat

Besuchen Sie uns im Internet: **www.bast-medien.de**

Haftungsausschluss

Sollte trotz aufwendiger Recherche eine Bildquelle nicht korrekt oder unvollständig angegeben oder ein Rechteinhaber übersehen worden sein, bitten wir die betroffene Institution sich mit dem Verlag in Verbindung zu setzen.
Trotz intensiven Austauschs mit unseren Gesprächspartnern, gewissenhafter Literaturrecherche und aufmerksamem Korrekturlesen erheben wir weder einen Anspruch auf Vollständigkeit noch auf Fehlerlosigkeit. Wir haben streng darauf geachtet, keine Urheberrechte zu verletzen, unsere Recherchen sind nach bestem Wissen und Gewissen erfolgt. Dennoch übernehmen wir keinerlei Gewähr für die Aktualität, Korrektheit oder Vollständigkeit der bereitgestellten Informationen. Haftungsansprüche gegen uns schließen wir grundsätzlich aus.

SIE WOLLEN NOCH MEHR ÜBER

Lübeck

WISSEN?

Hier gibt es sachkundige Informationen:

ak l kunstquartiere l Annette Klockmann
Die Lübecker Agentur für Kunst- und Kulturvermittlung ist spezialisiert auf Führungen, Städte- und Kunstreisen, Vorträge etc. im und für den hohen Norden Deutschlands. Ein vielseitiges Programm steht zur Auswahl. Eine Besonderheit: Die Agentur (auf kleine Gruppen spezialisiert!) ist in gemeinsamer Planung gern ein „Wunscherfüller“ für individuelle Ideen, Ziele und Formate.
Kleine Burgstraße 20c
23552 Lübeck
Tel.: 0451 / 5998935
Mobil: 0177 / 3086543
E-Mail: annetteklockmann@gmail.com
Homepage:
https://www.kunstquartiere.de/

Europäisches Hansemuseum Lübeck
Einzigartige interaktive Ausstellung mit der Möglichkeit, edle Stoffe zu berühren, die aufregende Atmosphäre eines Hansetages zu erleben und angesichts der Pest zu schaudern. Die Hanse war eines der mächtigsten Handelsnetzwerke des Mittelalters. Ihren Einfluss auf Wirtschaft, Politik und Kultur des Nord- und Ostseeraums ist bis heute spürbar.

An der Untertrave 1
23552 Lübeck
Tel.: 0451 / 8090990
E-Mail: info@hansemuseum.eu
Homepage: www.hansemuseum.eu
Öffnungszeiten:
Täglich 10-18 Uhr (außer 24.12.)

Hansevolk zu Lübeck
Seit über 20 Jahren gibt es das Hansevolk zu Lübeck (gemeinnütziger) e.V., eine bunt gemischte Gesellschaft, die Spaß daran hat, das Leben der Lübecker Stadtbevölkerung im Spätmittelalter authentisch darzustellen. Dabei füllen die Mitglieder zahlreiche Rollen mit Leben, zum Beispiel: Kaufleute, Geistlichkeit, Ratsapothekerin, Chirurga, Schreiber, Schmied, Köchinnen, Bortenwirkerin, Näherinnen, Stadtsoldaten, Schankwirt, Münzpräger, Spielleute und Bettelvolk.

Als Living-History-Gruppe wollen die Mitglieder Mittelalter nicht nur darstellen, sondern vor allem erleben: Nach historischen Rezepten schlemmen, zum quäkenden Dudelsack den Reigen tanzen, im rauchigen Lager kampieren, auf der Pilgerwanderung schwitzen oder sich gar in das Getümmel der Feldschlacht stürzen, das sind kleine Abenteuer von fast exotischem Reiz.

Weitere Informationen unter:
www.hansevolk.de und
www.facebook.com/hansevolkzuluebeck

Museum Behnhaus Drägerhaus
Galerie des 19. Jahrhunderts und der Klassischen Moderne.
Die bedeutende Sammlung von Gemälden, Plastiken, Grafiken und Fotografien umfasst Werke deutscher und europäischer Künstler und hat ihren Schwerpunkt in der Kunst der Romantik und der klassischen Moderne. Von Caspar David Friedrich bis Edvard Munch lautet der Titel der Sammlungspräsentation, in der sich regionale Ausrichtung und internationale Bedeutung verbinden.
Jeden Sonntag, 11:30 Uhr, öffentliche Führung zur Sammlung „Von Caspar David Friedrich bis Edvard Munch“ bzw. durch die aktuelle Sonderausstellung.
Königstraße 9-11
23552 Lübeck
Tel.: 0451 / 1224148
E-Mail: behnhaus@luebeck.de
Homepage:
www.museum-behnhaus-draegerhaus.de
Öffnungszeiten:
Januar bis März
Di.-So.: 11-17 Uhr
April bis Dezember
Di.-So.: 10-17 Uhr

Stephanie Ullrich, Lübecker Geschichte(n)
Stadtführungen, Sonderführungen und Events, u.a.: Lübecks Tolle Tanten (bedeutende Frauen in Lübecks Geschichte), Trösten Immer (Geschichte Palliativmedizin & Hospiz), Von Wundern und Heiligen (mit Sagen und Legenden quer durch Lübeck).
Termine siehe Webseite.
Tel.: 0173 / 2326415
E-Mail: stephanie.ullrich@gmx.net
Homepage:
https://luebeckergeschichte.de/

Publikationen:

Haaker, Heinz; Wiedemann, Rainer: Band 1: Flender 1901 bis 2002 – Vom Brückenbau in Benrath zur modernen Großschiffbauwerft in Lübeck-Siems. Lübeck 2023.

Haaker, Heinz; Wiedemann, Rainer: Band 2: 83 Jahre Flender – Dock- und Eisenschiffbau in Lübeck-Siems – Fotografien und Biografien zum Schiffbau von 1920 bis 2003. Lübeck 2023.

Fechner, Rolf: Spaziergang durch das alte Travemünde. Erfurt, Neuauflage 2018.

Fechner, Rolf: Die Halbinsel Priwall 1900-1990. Erfurt, Neuauflage 2022.

Fechner, Rolf: Leben und Arbeiten in Travemünde. Erfurt 2015.

Fechner, Rolf: Travemünde in historischen Luftbildern. Erfurt 2016.

Fechner, Rolf: Travemünde Einst & Jetzt. Erfurt 2019.

Fechner, Rolf: Luftfahrt auf dem Priwall und Pötenitz. Norderstedt 2020.

Fechner, Rolf: Die Entwicklung des Seebades Travemünde. Norderstedt 2021.

Fechner, Rolf: Travemünder Ansichten - Private Fotografien der 50er bis 70 Jahre. Norderstedt 2022.

Wiedemann, Rainer: Das, was von Flender übrig bleibt. Lübeck 2020.

Wiedemann, Rainer: Die letzte Klappe – Abschied von der Herrenbrücke in Lübeck. Schwerin 2011.

Axel Schattschneider - der etwas andere Stadtführer

Seit 2014 ist Axel Schattschneider - nach einer gut einjährigen fundierten Ausbildung - über den BVGD (Bundesverband der Gästeführer Deutschlands) als zertifizierter Stadtführer in der schönen Welterbeperle Lübeck tätig und verdient sein Geld somit im wahrsten Sinne des Wortes auf der Straße.

Neben den Stadtführungen werden auch Zeit- und Geruchsreisen angeboten. Die Zeit- und Geruchsreisen entführen ins lebendige Mittelalter der schönen Welterbestadt Lübeck. Gewürzt wird das Ganze mit Begriffen sowie Redewendungen, die wir teilweise heute noch rege nutzen. Individuelle Geschenkgutscheine für Touren können auf Anfrage erstellt werden - ebenso wie die komplette Organisation von Events.

Baareneichkoppel 7
23617 Stockelsdorf
Telefon: 0451 / 49 94 255
Mobil: 0151 / 20 69 60 71
E-Mail: axelschattschneider@googlemail.com
Homepage:
https://www.hanse-bc.com/mitglieder/axel-schattschneider/
Youtube: https://www.youtube.com/watch?v=n_q6N0j5ixE

Auf diesem Altar findet sich ein verblüffendes Detail.

03

Sonnenbrille

Dunkles Silber statt Smaragden

Das ist aber mal ein cooler Heiliger! Oder warum sonst sollte ein Apostel auf einem Altar in der Marienkirche eine Sonnenbrille tragen? Allzu hell ist es in dem Gotteshaus schließlich nicht. Axel Schattschneider weiß es – und die Lösung des Rätsels ist ganz einfach: „Die Brille war früher silbern, wie man sich das ja bei spiegelnden Gläsern vorstellt", sagt er. „Im Laufe der Jahrhunderte ist das Silber einfach nur dunkel angelaufen, sodass es jetzt aussieht, als trage der Heilige eine Sonnenbrille. Dabei ist ihm die Brille einst als Zeichen der Weisheit aufgesetzt worden."

Die Brille hielt ab der Mitte des 14. Jahrhunderts Einzug in die Kunstgeschichte. „Man wollte damit tatsächlich zum Ausdruck bringen, dass jemand besonders gebildet oder weise, also schriftkundig ist", sagt der Lübecker. Wie lange es Brillen schon gibt, gilt als umstritten. Manche Quellen behaupten, dass schon der griechische Mathematiker Archimedes (gest. 212 v. Chr.) einen Kristall getragen habe, der seine Sehfähigkeit verstärkte, und der römische Philosoph Seneca der Jüngere (1-65 n. Chr.) stellte fest: „Kleine und undeutliche Buchstaben erscheinen schärfer und größer, wenn man sie durch eine mit Wasser gefüllte Kugel betrachtet." Etwa 1000 n. Chr. schrieb der arabische Mathematiker Abu Ali al-Hasan ibn al Haitham, auf Latein auch Alhazen genannt (um 965–1039/1040), das Buch *Schatz der Optik*, in dem er feststellte, dass ein Gegenstand größer wirkt, wenn man ihn durch eine gläserne Kugel ansieht. „Es dauerte aber noch 250 Jahre, bis das Buch ins Lateinische übersetzt wurde, erst dann hatte es Auswirkungen", sagt Schattschneider. „Denn Alhazen hatte zwar diese Erkenntnis, hat sie aber selbst nicht genutzt." Übersetzt worden sei das Buch von Franziskanermönchen „und es waren wohl auch Mönche, die den sogenannten Lesestein aus Bergkristall herstellten". Lesegläser oder Lesesteine waren Halbkugeln aus Glas oder Edelsteinen, die man wie eine Lupe auf die Schrift legte und diese dadurch vergrößerte. Urkundlich erwähnt wird die Brille 1305 durch den Dominikaner Giordano da Rivalto, der erklärt, dass der Dominikaner Alessandro della Spina um 1285 Brillengläser geschliffen habe.

„Im Laufe der Jahrhunderte ist das Silber einfach nur dunkel angelaufen, sodass es jetzt aussieht, als trage der Heilige eine Sonnenbrille. Dabei ist ihm diese einst als Zeichen der Weisheit aufgesetzt worden."

Doch wer hat die Brille denn nun eigentlich erfunden? Würden wir uns Anfang des 20. Jahrhunderts bewegen, würden wir wohl erklären, dass Salvino degli Armati derjenige welcher war. Davon zumindest ging man in den Jahren 1684 bis 1920 aus. „Doch beim Erfinder der Brille handelt es sich selbst um eine Erfindung", freut sich Axel Schattschneider über das Detail. „Der Florentiner Publizist Leopoldo del Migliore hat den Mann frei erfunden. Wer die Brille wirklich entdeckt hat, ist bis heute nicht sicher", sagt der Gästeführer, „es war wohl wie bei so vielem einfach eine Weiterentwicklung." Als wahrscheinlich gilt jedoch, dass die ersten Brillenträger italienische Mönche und Nonnen waren. Die ältesten noch erhaltenen Brillen fand man 1953 im ehemaligen Zisterzienserinnenkloster im niedersächsischen Wienhausen, sie stammen aus der Mitte des 14. Jahrhunderts.

Ungewöhnlich: ein Heiliger mit Sonnenbrille!

Nicht nur – wie in Lübeck – in der Kunst, auch in der Literatur fand die Brille große Beachtung. Julia Ricker schreibt in einem Aufsatz im „Magazin für Denkmalkultur in Deutschland, Monumente": „Es waren wohl die faszinierenden Eigenschaften der durchsichtigen Steine, für die Zeitgenossen ganz neu und noch wenig bekannt, die sie zum Thema der mittelhochdeutschen Dichtung avancieren ließen." Ricker nennt einige Beispiele: „Im ‚Jüngeren Titurel' Albrechts von Scharfenberg ist das Herz so klar und rein wie ein Beryll. Wie dieser die Schrift vergrößere, so heißt es in dem Epos aus der Zeit um 1270, habe es die Eigenschaft, die Tugenden wachsen zu lassen." Zur Erklärung: Die Bezeichnung „Brille" ist vom spätmittelhochdeutschen Wort *berille* abgeleitet, das auf den Halbedelstein Beryll zurückgeht. Und für den Philosophen Nikolaus Cusanus (1401-1464) sei die Brille „zur Grundlage für die Erkenntnisschau" geworden, erklärt Julia Ricker. In seiner Schrift *De beryllo* von 1458 schreibe er, dass derjenige, der durch den geschliffenen Beryll hindurchsehe, zuvor Unsichtbares berühre. Ricker zitiert: „Wenn den Augen der Vernunft ein vernunftgemäßer Beryll richtig angepasst wird, wird durch seine Vermittlung der unteilbare Ursprung von allem berührt." Wenn der Mensch die Wahrnehmung seiner Augen mit der Brille erweitere, „verändere er nicht nur seinen optischen Zugang zur Welt, sondern auch seine Haltung zu ihr", fasst die

Autorin die Gedanken des Universalgelehrten zusammen. „Denn bisher verborgene Dinge würden plötzlich sichtbar und erhielten einen tieferen Sinn." Diese Deutungsmöglichkeit, vermutet sie, habe wohl der altdeutsche Maler Friedrich Herlin (1430-1500) im Sinn gehabt, „als er dem Apostel Petrus in Rothenburg ob der Tauber eine Brille in die Hand gab".

Und damit sind wir wieder bei der Kunstgeschichte angelangt. Darstellungen von Brillen sind ganz und gar nicht selten, die älteste findet sich auf den Fresken im Kapitelsaal von San Nicolo in Treviso und ist 1352 durch den italienischen Maler Tommaso da Modena (um 1325-1368/1379) entstanden. Als erste Darstellung nördlich der Alpen gilt die des Conrad von Soest (1370-1422) aus dem Jahr 1403, zu sehen auf dem Altar der Bad Wildunger Stadtkirche. Der hier dargestellte Apostel ist auch als „Brillenapostel" in die Geschichte, besser gesagt, in die Kunstgeschichte eingegangen.

Und in Lübeck hat ein Apostel eben eine Sonnenbrille auf! Deren Erfindung ist übrigens alt: Die Eskimos verwendeten schon vor Jahrhunderten Gestelle aus Knochen und Holzbrettern, in die Sehschlitze eingearbeitet waren, um dem durch den Schnee entstandenen hellen Licht zu trotzen. Und auch Kaiser Nero (37-68 n. Chr.) hat sich beim Besuch von Gladiatorenkämpfen zum Schutz vor Sonnenlicht Smaragde vor die Augen gehalten. Der Apostel, mit seinem nachgedunkelten Silber, ist also in guter Gesellschaft. Allein: Sehen kann er durch die Brille nichts. Aber das wäre bei einer nicht nachgedunkelten Brille auch der Fall gewesen. Denn Silber ist ja bekanntlich nicht durchsichtig.

Eva-Maria Bast

So geht's zur Sonnenbrille:

Sie befindet sich in der Marienkirche in der Marientidekapelle hinter dem Hochaltar. Den Apostel entdeckt man am Kopf der liegenden Maria. Die Marienkirche steht auf dem Marienkirchhof 1.